BEI GRIN MACHT SICH IHR WISSEN BEZAHLT

- Wir veröffentlichen Ihre Hausarbeit,
  Bachelor- und Masterarbeit

- Ihr eigenes eBook und Buch -
  weltweit in allen wichtigen Shops

- Verdienen Sie an jedem Verkauf

Jetzt bei www.GRIN.com hochladen
und kostenlos publizieren

René Pflüger

Die perfekte Vorbereitung auf die Ausbildereignungsprüfung. Teil 3

Vorbereitung auf die praktische Ausbildereignungsprüfung

GRIN Verlag

Bibliografische Information der Deutschen Nationalbibliothek:

Die Deutsche Bibliothek verzeichnet diese Publikation in der Deutschen National-bibliografie; detaillierte bibliografische Daten sind im Internet über http://dnb.d-nb.de/ abrufbar.

Impressum:

Copyright © 2015 GRIN Verlag GmbH
Druck und Bindung: Books on Demand GmbH, Norderstedt Germany
ISBN: 978-3-656-92825-6

Dieses Buch bei GRIN:

http://www.grin.com/de/e-book/294990/die-perfekte-vorbereitung-auf-die-ausbil-dereignungspruefung-teil-3

GRIN - Your knowledge has value

Der GRIN Verlag publiziert seit 1998 wissenschaftliche Arbeiten von Studenten, Hochschullehrern und anderen Akademikern als eBook und gedrucktes Buch. Die Verlagswebsite www.grin.com ist die ideale Plattform zur Veröffentlichung von Hausarbeiten, Abschlussarbeiten, wissenschaftlichen Aufsätzen, Dissertationen und Fachbüchern.

Besuchen Sie uns im Internet:

http://www.grin.com/

http://www.facebook.com/grincom

http://www.twitter.com/grin_com

Vorwort

Das vorliegende Werk soll sie bei der Vorbereitung auf die praktische Prüfung der Ausbildereignungsprüfung unterstützen und helfen sich auf diese richtig vorzubereiten. Es ist im Rahmen meiner Tätigkeit als Dozent in der Vorbereitung auf die Ausbildereignungsprüfung für meine Schüler entstanden, um Ihnen die mögliche Fragen und Vorgehensweisen auch zu Hause für sich zu klären und um mögliche Schwachpunkte ihrer Unterweisung oder Präsentation aufzuzeigen.

Dauerhaftes Lernen ist heute eine unabdingbare Notwendigkeit, ohne die es nicht möglich ist, mit dem technischen Wandel Schritt zu halten und die Stufe der Selbstverwirklichung im Berufsleben zu erreichen. Der Erwerb und die ständige Erneuerung von Kenntnissen und Fertigkeiten sind heute selbstverständlich. Hinzu kommen noch die Schlüsselqualifikationen wie Handlungswissen, Kommunikations-, Organisations-, Problemlöse- und Informationsbeschaffungsfähigkeiten, ohne deren Beherrschung Mitarbeiter in modern Unternehmen keinen Erfolg haben werden.

Jedes Unternehmen sollte sich deshalb auch in der Verantwortung sehen, junge Menschen auszubilden und Ihnen damit eine Grundlage für ihren weiteren Werdegang zu bieten.

Bedingt durch den starken Wandel der Arbeitswelt sind auch die Anforderungen an das Ausbildungspersonal gestiegen. Eine gute berufs- und arbeitspädagogische Qualifikation ist durch die wachsenden pädagogischen Herausforderungen in der beruflichen Bildung von hoher Wichtigkeit.

Dieses Werk wurde auf der Basis der aktuellen Regelungen der Prüfungsordnung für die Durchführung von Prüfungen zum Nachweis der berufs- und arbeitspädagogischen Qualifikation nach der Ausbildereignungsverordnung erstellt.

Dieses Werk soll Sie als Teilnehmer an einer Aufstiegsfortbildung, die die Ausbildereignungsprüfung beinhaltet oder voraussetzt eine Hilfe für die Vorbereitung auf die schriftliche Prüfung bieten.

Betrieblichen Ausbildern vermittelt es einen kompakten Überblick über die berufs- und arbeitspädagogischen Kenntnisse, die Sie im Ausbildungsalltag benötigen. Damit sind auch diese gerüstet, die Ausbildereignungsprüfung erfolgreich zu absolvieren. Aufgrund der Vielfalt des Stoffes und er Begrenztheit des Umfanges dieses Werkes konnte nicht jeder Themenbereich bis ins Detail in den Fragen behandelt werden. Dieses sollte aber in Ihrem Vorbereitungslehrgang auf die Ausbildereignungsprüfung geschehen, zu dieses Werk die ideale Begleitung bildet.

Viel Erfolg bei Ihrer Prüfungsvorbereitung und Ausbildereignungsprüfung!

Inhaltsverzeichnis

1 Zusammenfassung über die Anforderungen

Die praktische Prüfung der Ausbildereignungsprüfung gliedert sich in zwei Teile auf:

1. eine Präsentation oder eine praktische Durchführung einer berufstypischen Ausbildungssituation, die Sie selbst bestimmen können; sie sollte aber 15min nicht überschreiten,
2. und einem Fachgespräch, in dem Sie die Kriterien für die Auswahl und Gestaltung der Ausbildungssituation begründen sollen.

Die praktische Prüfung sollte insgesamt höchstens 30min dauern(§4 Abs. 3 AEVO)
Im ersten Teil der Ausbilder-Eignungsprüfung muss der Prüfling eine Ausbildungssituation

- entweder als praktische Unterweisungsprobe durchführen
- oder in Form einer Präsentation darbieten.

Die Kriterien für Auswahl und Gestaltung der Ausbildungssituation sind in einem Fachgespräch zu begründen.
Die Ausbildungssituation wählt sich der Prüfling aus dem Ausbildungsrahmenplan des Ausbildungsberufes aus, für den er später ausbilden möchte.

Der Ausdruck „Ausbildungssituation" ist in Der AEVO nicht definiert. Beider Ausbildungssituation sollte sich es aber um ein kleines, jedoch vollständiges Thema handeln. Es kann sich aber auch um ein größeres Thema handeln, was sich auf einen sinnvollen Teil abgegrenzt werden kann, der dann als Ausbildungssituation dargestellt wird. Es können Handlungsabläufe sein, aber auch Kenntnisbereiche, die im Rahmen der für die praktische Prüfung vorgebenden Zeit lehrend und lernend bewältigt werden können. Für diesen Fall bietet sich die praktische Durchführung in Form einer Unterweisungsprobe an. Dafür können dann verschiedene Methoden der Arbeitsplatzunterweisung gewählt werden, z.B. die Vier-Stufen-Methode oder das Lehrgespräch.

Wird eine Ausbildungssituation ausgewählt, die zwar einen Sinnzusammenhang darstellt, sich jedoch in der kurzen Zeit der praktischen Prüfung nicht als Unterweisung realisieren, lässt oder gar keine Unterweisung darstellt, sondern eine organisatorische oder erzieherische Situation, besteht die Möglichkeit, sie dem Prüfungsausschuss zu präsentieren. Dabei stellt der Prüfling dar, wie er die Ausbildungssituation bewältigen würde, wenn er die dazu notwendigen Bedingungen vorfände.

Anspruchsvolle Ausbildungsmethoden, wie der betriebliche Lernauftrag, die Fallstudie oder die Leittextmethode, können in dem angegebenen Zeitrahmen nicht realisiert werden, für diese ist auch eine Präsentation angebracht.

Für die Realisierung der Unterweisungsprobe sind grundsätzlich folgende Möglichkeiten gegeben:

1. Die Mitglieder des Prüfungsausschusses übernehmen die Rolle von Auszubildenden.

2. Die Prüfungsteilnehmer unterweisen sich gegenseitig.
3. In unternehmensexternen Prüfungsräumen stehen echte Auszubildende zur Verfügung.
4. Die Unterweisungsprobe findet in Anwesenheit des Prüfungsausschusses unternehmensintern statt.

Die beiden letztgenannten Varianten erfordern einen erheblichen Organisations- und Kostenaufwand und werden deshalb vergleichsweise selten praktiziert. Den Prüfungsteilnehmern wird prinzipiell selbst überlassen, in welcher Form sie die Unterweisung durchführen wollen: als Einzel-, Paar- oder Gruppenarbeit.

Gewöhnlich werden die Prüfungen in den Räumen der zuständigen Stelle durchgeführt. Diese müssen für die praktische Prüfung geeignet sein: eine Arbeitsfläche, Steckdose, Handwaschbecken und Medien gehören zur Mindestausstattung. Als Medien sollten Tafel mit Kreide, Tageslichtprojektor und/oder Beamer mit Projektionswand, Pinnwand und Flip-chart unbedingt verfügbar sein. Klären Sie aber im Vorfeld ab, welche Medien Ihnen zur Verfügung stehen. Alle benötigten Unterweisungsmittel wie Formulare, Werkstoffe, Arbeitsmittel, Werkzeuge usw. müssen die Prüfungsteilnehmer in ausreichender Zahl selbst mitbringen. Die ausbildungsgerechte Vorbereitung der Materialien vor der Unterweisung wird nicht in die Prüfungszeit eingerechnet. Sie sollte allerdings nicht zu viel Zeit beanspruchen, weil das den gesamten Prüfungsablauf beeinträchtigen könnte. Für die Sicherheit der Arbeitsmittel und Arbeitsgeräte ist der Prüfungsteilnehmer verantwortlich.

In der praktischen Prüfung ist mindestens eine ausreichende Leistung (50 Punkte) nachzuweisen. Liegt die erreichte Punktzahl unter 50 Punkten, so kann diese wiederholt werden. Es gelten dann die Bestimmungen der Wiederholungsprüfung (§ 26 der Prüfungsordnung für Fortbildungsprüfungen).

2 Empfehlungen zur Ausführung einer Ausbildungssituation als praktische Unterweisungsprobe

Der Prüfungsteilnehmer muss in der Regel für die Unterweisungsprobe dem Prüfungsausschuss einen selbsterstellen schriftlichen Unterweisungsentwurf in ausreichender Zahl vorlegen. Eine Kopie des Entwurfes wird in der Regel mit den Prüfungsakten abgelegt. Die Anforderungen an den Unterweisungsentwurf sind nicht einheitliche geregelt. Deshalb rate ich Ihnen, vorab sich genau zu Informieren. Die Empfehlung für den Unterweisungsentwurf lautet:

- Die typografische und grafische Gestaltung sollte den Prüfungsteilnehmern frei gestellt werden.
- Die Erklärung des Prüfungsteilnehmer Frontseite sollte folgende Mindestangaben enthalten:
  - ➢ Name und Vorname des Prüfungsteilnehmers, Prüfungsnummer,
  - ➢ Datum der Prüfung,
  - ➢ Ausbildungsberuf, für den ausgebildet werden soll,
  - ➢ Unterweisungsthema mit einem Hinweis auf die Quelle im Ausbildungsrahmenplan,

- ➢ Lernziele im Sinne operationalisierter Feinziele,
- ➢ erwartete Voraussetzungen bei der Zielgruppe
- ➢ erforderliche Lehr-, Lern- und Arbeitsmittel,
- ➢ Erklärung des Prüfungsteilnehmers.
- Der Unterweisungsentwurf sollte darüber hinaus detaillierte Angaben zur Inhaltlichen Gliederung des Themas und zum geplanten Unterweisungsverlauf enthalten. Hier sind zwischen einer Minimalskizze und einem ausgearbeiteten Aufsatz viele Darstellungsmöglichkeiten gegeben. Als Mindestanforderungen können hierfür gelten:
  - ➢ Der Verlauf wird in Teilschritten gegliedert.
  - ➢ Zu den Lernschritten werden jeweils didaktische Begründungen gegeben.
  - ➢ Die jeweils verwendeten Medien und Arbeitsmittel müssen aufgeführt sein.
  - ➢ Schließlich sollten Anmerkungen zur Sicherung vor Unfallgefahren und zur Orientierung am Umweltschutz gegeben werden.
- Am Schluss des Entwurfes sollten Angaben zur Lernerfolgssicherung und zur Lernerfolgskontrolle beschrieben werden.

Vorbeitete und mitgebrachte Arbeitsmittel wie Übungs- und Lernkontrollpapiere sind nicht Bestandteil des Unterweisungsentwurfes, sollten jedoch auch den Prüfern ausgehändigt werden, damit sie in der Bewertung der Unterweisungsprobe berücksichtigt werden können. Die Unterweisungs- bzw. Präsentationsplanung sollte anfangs immer in einer ausführlichen Form erfolgen. Erst mit zunehmender Sicherheit und Erfahrung werden Kurzformen, meistens Tafelanschriebe oder sonstige Mediengestaltungen als Gedächtnisstützen ausreichen. Auch wenn die schriftliche Vorbereitung nicht mehr bewertet wird, sollte eine förmliche Unterweisung und ganz sicher eine Präsentation niemals ganz ohne Vorbereitung erfolgen. Ausbilder sind keine Stegreifkünstler.

Eine Unterweisungsprobe ist natürlicherweise im Vergleich zum täglichen Unterweisungsgeschehen immer eine Ausnahmesituation. Kaum je wieder wird sich ein Ausbilder derart umfangreich auf eine Unterweisung vorbereiten und kaum je wieder wird er eine derartige Fülle von Ausbildungs- und Arbeitsmitteln gleichzeitig einsetzen. Insofern ist eine Prüfungsunterweisung immer eine irreale Situation, in der der angehende Ausbilder zeigen kann und soll, was er in seiner Vorbereitung gelernt hat. So werden beispielsweise in Arbeitsplatzunterweisungen gerne Medien eingesetzt, die an realen Arbeitsplätzen weder verfügbar sind, noch eingesetzt werden könnten. Dagegen ist nichts einzuwenden, denn der Prüflinge möchte schließlich zeigen, was er gelernt hat und was er kann.

An dieser Stelle soll aber keine Grundsatzdiskussion über die Bedeutung der Unterweisungsprobe führen. Sondern sollen Hinweise geboten werden, die sich aus der Erfahrung ergeben haben und Ihnen als Prüfungsteilnehmer konkret helfen können. Ihnen ist vermutlich völlig klar, wie eine Unterweisungsprobe zu gestalten wäre, dann doch aber erst aus eigenen, manchmal verblüffenden Fehlern lernen müssen.

Die Unterweisungen sollten gründlich geprobt werden, bevor sie in der Ernstsituation der Prüfung eingesetzt werden. Denn erst Übung macht den Meister!

Bei der Vorbereitung kommen immer wieder die gleichen Fehler vor:

> Der Prüfungsteilnehmer nimmt sich zu viel vor. Die Stofffülle ist überzogen.
> Die Lernziele sind nicht genau genug abgegrenzt, affektive Lernziele fehlen meistens ganz.
> Methodische Entscheidungen werden selten begründet.
> Die Voraussetzungen bei den Lernenden werden kaum berücksichtigt.
> Es wird zu wenig zielstrebig gearbeitet.
> Der Lernstoff wird nicht inhaltlich logisch gegliedert.
> Das Zeitlimit wird nicht berücksichtigt.
> Die Lernerfolgssicherung wird zu Gunsten der Lernerfolgskontrolle vernachlässigt.
> Der Abschluss ist ehr als Abbruch geplant.

In der Planung einer Unterweisung sind unbedingt die pädagogischen Grundsätze zu berücksichtigen: Grundsatz der Anschaulichkeit, der Erfolgssicherung, der Übertragung usw. Unerlässlich ist es, sich auf Fragen der Auszubildenden im Vorhinein einzustellen.

Der Entwurf zur Durchführung einer Ausbildungssituation sollte insgesamt so übersichtlich gegliedert und gestaltet sein, dass er den Prüfern eine schnelle Orientierung, auch im Verlauf der Unterweisung erlaubt.

Die Erfahrung zeigt, dass bei Unterweisungsproben die Lernenden ehr über- als unterfordert, die geplanten Lernziele nur unzureichend vermittelt und die Bedürfnisse der Lernenden kaum berücksichtigt werden. Über die Köpfe weg wird gelehrt, genauso, wie man es in Lehrgängen beobachten kann: „ Wenn alles schläft und einer spricht, das Ganze nennt man Unterricht".

Den richtigen Einstieg für eine Unterweisung zu finden, ist nicht einfach. Er sollte

> eine anhaltende Motivation für die Ausbildungssituation aufbauen,
> eine enge und durchhaltende Verbindung zum Thema haben,
> vor allem zügig zum Unterweisungsziel hinführen.

Eine einfache und leicht durchschaubare Hinführung zum Thema nimmt bei den Auszubildenden die Spannung und Aufregung. Eine zu schwierige Problemdarstellung lähmt dagegen die Gruppe. Sehr zu empfehlen ist, dass der Prüfungsteilnehmer sich die ersten Sätze seiner Unterweisung genau überlegt und sie unter Umständen auswendig lernt, nicht nur im Inhalt, auch dem Klang der Stimme Beachtung schenkt.

Für den Unterweisungsverlauf sollen unbedingt die Unterweisungsprinzipen „vom Einfachen zum Schweren" und „vom Bekannten zum Ungekannten" beachtet werden.

Zu häufiges und sinnloses Fragen ist zu vermeiden. In vielen Fällen sind Impulse, sprachliche, aber auch gestische und mimische hilfreicher. Meistens ist es nützlich, sich Impulse wörtlich einzuprägen, damit man nicht immer wieder aus Versehen eine geschlossene oder suggestive Frage stellt. Auch vor dem berüchtigten „Lehrerecho" (die Wiederholung der Antwort des Auszubildenden durch den Ausbilder) muss gewarnt werden. Das Bestreben seine Unterweisung mit Humor zu präsentieren wirkt häufiger peinlich, vor allem wenn es in Form von Witzchen gemacht wird.

Gegen eine präsentierende Unterweisungsmethode mit Medienwechsel ist grundsätzlich nichts einzuwenden, soweit sie der Situation gerecht durchgeführt wird. Manches lässt sich überhaupt nicht leisten, z.b. Fachwörter, die außerhalb der Kenntnisse der Auszubildenden liegen. Dennoch sollten eher Praktiken gewählt werden, welche die Auszubildenden anregen.
Die Teilziele der Unterweisung sind einzeln abzusichern, am besten durch Aufgaben und Anwendungen, gelegentlich auch durch Wiederholungen, aber immer ohne Einsicht auf Texte seitens des Auszubildenden. Präsentationen sollten in Form von Kopien als Gedächtnisstützen ausgehändigt werden. Mündliche Zusammenfassungen sind aber trotzdem immer förderlich.

Auch der Medieneinsatz muss für den gesamten Ablauf der Unterweisung sorgfältig überlegt werden. Abbildete oder kopierte Belege, Briefe und Formular müssen praxisgerecht und die Bestimmungen erfüllen. Vorbereitete Schriftstücke, Folien usw. sollten in einem ansprechenden Design und ohne Rechtschreib- und Zeichensetzungsfehler gestaltet sein, damit sie auf die Auszubildenden vorbildlich wirken. Auch in seiner Sprache sollte sich ein Ausbilder seiner Vorbildfunktion jederzeit bewusst sein. Es sollte ebenso selbstverständlich sein, dass sich der Prüfungsteilnehmer vor der Unterweisungsprobe davon überzeugt, ob alle benötigten Mittel vorbereitet sind.

Anweisungen sollten verständlich, eindeutig und vollständig erfolgen. Gruppenarbeit ist nur dann sinnvoll, wenn die gewünschten Lernziele vorher ausgearbeitet worden sind. Während der Gruppenausbildung darf den Teilnehmern nur in Ausnahmefällen hineingeredet werden. Den Grund für mangelnde Aktivität der Auszubildenden muss der Prüfungsteilnehmer fast ausnahmslos bei sich selber such. Langeweile, temperament- und humorlose Ausbilder schaffen sich gelangweilte Auszubildende selbst. Er sollte auf seine Auszubildende ermutigend und anerkennend eingehen, auch bei unerwarteten Äußerungen und Fragen gelassen bleiben.

Wie am Anfang einer Unterweisung, muss auch der Schluss sorgfältig geplant werden. Dazu gehören die Zusammenfassung, am besten durch die Auszubildenden, ein Ausblick auf die nächste Unterweisung und der Dank für ihre die Mitarbeit.

Gliederungsschemata für die Planung der Durchführung der praktischen Unterweisung:

1. **Thema der Unterweisung**
2. **Angabe zur Person oder der Gruppe der Auszubildenden**
   (Ausbildungsberuf, Ausbildungsjahr und erwartete Vorkenntnisse)
3. **Zielfragen der Unterweisung**
   - ➢ **Position der Unterweisung im Rahmen der Ausbildung**
     (Vorangegangene und nachfolgende Unterweisungen)
   - ➢ **Methodische Einordnung**
     (negative und positive Auswahl des Lerninhaltes)
   - ➢ **Anordnungen des Lerninhaltes**
     (Einführung, Vermittlung bzw. Erarbeitung, Erfolgssicherung, Transfer)
   - ➢ **Lernzieleinordnung und Lernzielformulierung**
     (Grobziel aus der Ausbildungsordnung, genaue Feinlernziele nach Lernzielbereichen (kognitiv, psycho-motorisch, affektiv))
   - ➢ **Lernzielkontrolle**
4. **Lernformen und Methoden einschließlich Sozialformen**
5. **Anschauungs- und Arbeitsmittel**
6. **Geplanter Unterweisungsablauf**
   (Teilschritte, Zeitaufteilung, Methoden- und Medieneinsatz, Erfolgssicherungen und Zusammenfassungen)
7. **Anlagen**
   (Ausbildungsordnung, Arbeitsblätter, Arbeitsmittel, Testaufgaben und sonstige Sekundärmedien)

Auf die Durchführung bzw. Präsentation einer Ausbildungssituation sollten Sie sich unbedingt in Rollenspielen vorbereiten, am besten nicht nur mit anderen, sondern auch vor anderen z.B. im Vorbereitungslehrgang. Praktisches machen lernt man nicht vom Papier und auch nicht durch Beobachten, sondern nur durch das selbständige durchführen.

Hinweise auf typische Unterweisungsfehler:

Trotz durchdachter Gliederung des Unterweisungsgeschehens, oder vielleicht auch gerade deswegen, werden immer wieder typische Unterweisungsfehler gemacht z.B.

- ➢ Der Ausbildende klammert sich sklavisch an den Unterweisungsentwurf.
- ➢ Der Auszubildende wird über- oder unterfordert, seine Interessen werden nicht beachtet.
- ➢ Die Besonderheit der Auszubildenden hinsichtlich Lerntyp und Lerntempo werden nicht hinreichend berücksichtigt.
- ➢ Der Auszubildende wird nicht genügend oder gar nicht für die Aufgabe motiviert.
- ➢ Vorkenntnisse und Vorerfahrungen der Auszubildenden werden nicht ausreichend berücksichtigt.
- ➢ Die Beziehungsebene zwischen Auszubildendem und Ausbilder wird nicht ausreichend berücksichtigt.
- ➢ Kurzfristige Erfolge werden höher bemessen als dauerhafte Erfolge.
- ➢ Es wird nicht genügend Aufmerksamkeit auf die bestmöglichen Lernbedingungen wertgelegt.

> Dem Auszubildenden werden zu wenige oder keine Pausen angeboten.
> Der Ausbilder spricht zu schnell, zu langsam oder zu undeutlich.
> Zu wenig Blickkontakt zwischen Auszubildendem und Ausbilder.
> Der Ausbilder redet zu viel.

Zur Perfektion des eigenen Ausbildungsverhaltens sollten sich die Prüfungsteilnehmer schon während des Lehrganges gegenseitig beim Ausbilden beobachten und über ihre Beobachtungen Erfahrungen austauschen. Nur mithilfe ständiger Reflexion des eigenen Wirkens kann verhindert werden, dass die Ausbildungstätigkeit in Gewohnheiten vergeht und Ausbilden zu lustlosen Tätigkeit wird.

3 Vorbereitung auf das Fachgespräch

Das Fachgespräch, das als Einzelprüfung durchgeführt wird, bezieht sich ausschließlich auf die durchgeführte bzw. präsentierte Ausbildungssituation und zwar auf

> die Kriterien zur Auswahl und der Gestaltung der Ausbildungssituation.
> Lücken im Entwurf bzw. in der Durchführung der Ausbildungssituation.
> das Ergebnis und den Verlauf der Ausbildungssituation.
> die sachliche und methodische Struktur der Ausbildungssituation.
> Auswahl, Einsatz und Umgang mit Medien und Arbeitsmittel.
> das Verhalten von Ausbilder und Auszubildendem während der Durchführung der Ausbildungssituation.
> den erreichten und gesicherten Ausbildungserfolg.

Die beste Vorbereitung ist auch hier die gedankliche Vorwegnahme. Versetzen Sie Sich gedanklich immer wieder in eine solche Gesprächssituation. Stellen Sie sich selbst Fragen und beantworten Sie diese, wenn immer möglich, laut! Sie werden sich selbst sprechen hören, das sichert die Lerninhalte und hilft Ihnen in der Prüfungssituation, die richtige Stimmführung zu finden. Bitten Sie Ihren Lehrgangsdozenten, das Fachgespräch zu simulieren. Die nachfolgenden möglichen Fragen liefern Ihnen reichlich Stoff zum Nachdenken und zum Üben. Sorgen Sie für emotionale Stabilität und geben Sie ausgeglichen und mit positiver Spannung in die praktische Prüfung. Sprechen sie sich vor der Prüfung frei: Stellen Sie sich laut fachliche Fragen und beantworten sie diese ebenso laut. Sie üben sich in Formulierungen, Ihr Kopf wird frei, negative Gedanken und Befürchtungen kommen gar nicht erst auf.

Die Ergebnisse und der Verlauf von mündlichen Prüfungen hängen sehr stark von der „Chemie" zwischen Prüfling und Prüfern ab. Deshalb können hier für das Prüfungsverhalten nur sehr allgemeine Empfehlungen gegeben werden:

> Bedenken Sie, dass Prüfungsnervosität normal ist und nicht zuletzt für die geistige Anspannung sorgt, die Ihnen hilft, die Prüfung zu bestehen.
> Achten Sie auf Ihr Äußeres und treten Sie selbstbewusst, aber nicht zu forsch auf.
> Nehmen Sie blickkontakt mit dem Fragesteller auf und halten Sie Ihn während Ihrer Antwort durch.
> Achten Sie auch auf köpersprachliche Aussagen des Prüfers. Ein Kopfschütteln oder Kopfnicken kann für Sie aussagefähiger sein als ein Schweigen.

- ➢ Fallen Sie dem Prüfer nicht ins Wort, auch wenn sie die Antwort schon auf der Zunge haben.
- ➢ Strukturieren Sie Ihre Gedanken bevor Sie sprechen, sprudeln Sie nicht alles heraus, was Ihnen einfällt.
- ➢ Wenn Sie eine Frage nicht beantworten können, geben Sie das zu. Das ist immer noch besser als wirres Herumreden oder langatmige Ausschweifungen.
- ➢ Unterlaufen Sie nicht die Frage des Prüfers, indem Sie versuchen, die Richtung der Frage in Ihnen angenehmes Bahnen zu lenken.
- ➢ Lassen Sie sich nicht verwirren, wenn die Prüfer während der Prüfung Meinungen austauschen oder sich Notizen machen. Das dient wahrscheinlich nur der Formulierung des erforderlichen Protokolls.
- ➢ Werden Sie nicht rechthaberisch, auch Prüfer sind nicht vollkommen.
- ➢ Reden Sie nicht, wenn Sie zuhören sollten.
- ➢ Bleiben Sie freundlich, auch wenn es mal kriselt.
- ➢ Bedanken Sie sich zum Abschied.

3.1 Mögliche Fragen nach der Unterweisung/Präsentation

3.1.1 In welchen Fällen ist eine Unterweisung die geeignete Ausbildungsmethode?

Immer wenn es in der Ausbildung beim Lehren und Lernen um praxisorientierte, psychomotorische Zielsetzungen geht, ist die Unterweisung eine geeignete Ausbildungsmethode.

Da die 2. Stufe der Unterweisung Elemente eines Lehrgespräches enthält, können auch praxisorientierte kognitive Zielsetzungen mit einer Unterweisung erreicht werden.

3.1.2 Auf Grund welcher Unterlagen/Vorgaben planen Sie eine Unterweisung?

Zur Planung von Ausbildungsaktivitäten dienen folgende Vorgaben:
Ausbildungsordnung; (Ausbildungsrahmenplan; Sachliche und zeitliche Gliederung der Ausbildung) des jeweiligen Ausbildungsberufes
Rahmenlehrplan; Lehrplan der Berufsschule

Die betriebliche Ausbildung zeigt sich in folgenden Plänen:
Betrieblicher Ausbildungsplan; Ausbildungsgang
Versetzungsplan; individueller Ausbildungsplan
Interner Unterrichtsplan; Unterweisungsplan

3.1.3 Beschreiben Sie eine Ausgangsituation für eine Unterweisung

Die Ausgangsituation charakterisiert den Ausbildungsstand und damit die zu erwartenden Vorkenntnisse und notwendigen weiteren Ausbildungsmaßnahmen z.B.:

Ich bin als Ausbilder in einem Hotel zuständig für die Ausbildung des 20-jährigen Auszubildenden Rudolf Propst, der seit 8 Monaten zum Hotelkaufmann ausgebildet wird. Herr Propst ist ein aufgeschlossener, interessierter und zuverlässiger Auszubildender. Er besitzt eine hohe Auffassungsfähigkeit und kann das Erlernte mit großem Geschick bei der seiner Arbeit einsetzen. Unsere Unterweisungen finden jeden Dienstag um 10 Uhr statt. Bei unserer letzten Unterweisung wurden Herrn Propst die nötigen Kenntnisse über die sechs Lohnsteuerklassen vermittelt. Im der heutigen Unterweisung das Anlegen einer Personalakte, braucht er diese Kenntnisse um die richtige Lohnsteuerklasse dem neuen Mitarbeiter zu zuordnen. Der Auszubildende und ich stehen in einem guten Verhältnis zueinander und sprechen uns mit den Vornamen an.

3.1.4 In welcher Weise gliedern Sie eine Unterweisung nach der Vier-Stufen-Methode?
Eine Unterweisung nach der Vier-Stufen-Methode gliedert sich wie folgt auf:
1. Stufe: Vorbereitung
2. Stufe: Vormachen und erklären
3. Stufe: Nachmachen und erklären lassen
4. Stufe: Übungsphase

3.1.5 Welche Grundsätze beachten Sie bei der inhaltlichen Gliederung einer Unterweisung?
Die Beachtung pädagogischer Grundsätze in der Ausbildung unterstützt die Wirksamkeit von Lernen und Behalten:

vom Leichten zum Schweren
vom Einfachen zum Komplexen
vom Bekannten zum Unbekannten

3.1.6 Welche Hilfsmittel können Sie bei einer Unterweisung verwenden?
Arbeitsmittel z.B.: Vordrucke, Werkzeuge, Vorrichtungen, Computer, Schreibzeug, Verbrauchsmaterialien
Arbeitshilfen z.B.: Nachschlagewerke, Tabellen, Listen, Vorlagen, Prüfwerkzeuge
Lernmittel zur Weitergabe an den Auszubildenden z.B.: Merkblätter, Musterstücke, Zeichnungen, Bilder, Fachbücher, Lernprogramme

3.1.7 Worauf achten Sie bei der Vorbereitung des Unterweisungsplatzes?
Zur Planung und Vorbereitung einer Unterweisung gehört auch die zweckmäßige Einrichtung eines Unterweisungsplatzes. Auf folgendes sollte dabei geachtet werden:
  ➤ Übersichtliche Arbeitsfläche
  ➤ Unterweisungsmittel und Arbeitshilfen geordnet herrichten.

> Sichtverhältnisse auf den/die Auszubildenden ausrichten.
> Maßnahmen zur Arbeitssicherheit erläutern und einhalten.

3.1.8 Wie können sie bei einer Unterweisung Befangenheiten abbauen?

Um den Auszubildenden das „aufnehmen, Lernen und Behalten" der Unterweisungsinhalte zu erleichtern und das Unterweisungsziel sicher zu erreichen, muss die Unterweisung entsprechend gestaltet werden:
> freundliche Begrüßung des Auszubildenden..
> Durch ein lockeres Gespräch eine möglichst entspannte Atomsphäre herstellen.
> Anknüpfen an das Thema der vorangegangen Unterweisung.
> Vorstellung des Unterweisungsthemas

3.1.9 Wie können Sie Auszubildende ermutigen und Angst vor Versagen abbauen?

Lernmotivation ermöglicht leichteres Lernen, Angst hemmt das Lernverhalten, deshalb:
> Anknüpfen an positive Erfahrungen.
> Durch das vorstellen es Lernziels Erfolgsaussichten bekräftigen.
> Lernfortschritte anerkennen.
> Hilfestellungen anbieten.
> Fehler als nützlichen Erfahrungswert akzeptieren.
> Sicherheitsmaßnahmen vorstellen und einhalten.

3.1.10 Weshalb ist es sinnvoll, Vorkenntnisse festzustellen und daran anzuknüpfen?

Alle Ausbildungsaktivitäten müssen jeweils auf die aktuelle Ausbildungssituation und die persönlichen Konstellationen abgestimmt sein:

Zu jeder Unterweisung gibt es fachliche und fachübergreifende Voraussetzungen. Ziele können nur in der geplanten Zeit erreicht werden, wenn die Voraussetzungen stimmen. Auszubildende können neue Ausbildungsinhalte nur dann dauerhaft in Zusammenhängen einordnen wenn entsprechende Grundlagen/ Vorkenntnisse vorhanden sind.
Der Auszubildende erkennt, dass das bisherige Lernen nicht umsonst war, das motiviert zum Weiterlernen.

3.1.11 Was bedeutet Motivation?

Motivation ist sowohl ein Zustand (motiviert sein – ein Motiv haben) als auch ein dynamischer Prozess (jemanden motivieren). Es geht um Motive, die zu bestimmten Verhaltensweisen führen und dadurch „Ausgeglichenheit", d.h. Zufriedenheit, erzeugen. Dadurch können z.B. Lernen und Handeln positiv oder negativ beeinflusst werden.

3.1.12 Wodurch/auf welche Weise können Sie bei einer Unterweisung motivieren?

Motivierend wirkt z.B.:
Erfolgserlebnisse, Anerkennung, Belohnung bzw. die Aufsicht darauf, aber auch Interesse und Neugierde auf neue Aufgaben.
Einbeziehung in qualifizierte Sonderaufgaben (z.b. Vorbereitung einer Präsentation) ist ein brauchbares Hilfsmittel. Art und Dauer der Aufgabenstellung müssen natürlich dem jeweiligen Ausbildungsstand angepasst sein.
Lob und die Vermeidung von Tadel.

3.1.13 Wozu braucht man Lernziele bei einer Unterweisung?

Ausbildungslernziele geben an, in welcher Ausprägung (Tiefgang) die Ausbildungsinhalte eines Berufes zu vermitteln sind:

> ➤ Lernziele ermöglichen die Auswahl geeigneter Methoden und Medien.
> ➤ Lernziele bestimmen die Feinstruktur der Unterweisung, d.h. Lernanschnitte und Merkpunkte.
> ➤ Lernziele beschreiben, was der Auszubildende nach der Unterweisung kann, die Ergebniskontrollen erfordern dazu möglichst „operationale „Lernziele.
> ➤ Lernziele signalisieren den Erfolg und wirken so motivierend.
> ➤ Durch Lernziele lassen sich Inhalte auf unterschiedliche Bereiche spezifizieren.

3.1.14 Welche Bestandteile gehören zu einem operationalen Lernziel?

Feinziele zeigen das erwünschte endverhalten nach einer Ausbildungsmaßnahme bzw. einem Ausbildungsabschnitt. Sie nennen dazu neben dem Lerngegenstand (Fachthema, Lernobjekt) auch Prüfungsbedingungen (Antwortumfang, Zeitrahmen, Qualität, Hilfsmittel, Rahmenbedingungen) sowie den Beurteilungsmaßstab (Bewertungsnormen als Noten bzw. Punkte)
Operationale Lernziele sind eine spezielle Form von Feinzielen. Dabei wird auf die eindeutige, beobachtbare Beschreibung des erwarteten Lernergebnisses durch die Ausübung besonderer Wert gelegt.

3.1.15 Wodurch können Sie Lernen und Behalten fördern?

Verstehen und Behalten sind starke Masse von einer lerntechnisch zweckmäßigen Stoffgliederung abhängig. Die Ergebnisse sind tendenziell umso besser, je sachlogischer der Aufbau und je überschaubarer die einzelnen Lerneinheiten sind.
Der Umfang der einzelnen Lernportionen muss dabei der jeweiligen „Kapazität" der Lernenden entsprechen, die sich weder unterfordert noch überfordert fühlen sollen. Passende Methoden und Medien erleichtern Aufnehmen / Verstehen / Behalten von Lerninhalten.
Häufiges Wiederholen und Üben sichern den Lernerfolg ab.

3.1.16 Wie kann eine Unterweisung didaktisch sinnvoll gliedern?

Untersuchungen haben ergeben, dass es sowohl eine Hierarchie der Lernarten als auch eine Stufung des einzelnen Lernvorganges gibt. Berücksichtigt man diesbezügliche Erkenntnisse, so kann man tendenziell gute Ergebnisse erwarten. Man kann mehrere Stufenmodelle unterscheiden z.b. die Vier-Stufen-Methode:

1. Stufe: Heranführen des/der Auszubildenden an die Aufgabe.

2. Stufe: Vorführen der Aufgabe durch den Ausbilder.

3. Stufe: Nachvollzug durch den Auszubildenden.

4. Stufe: Abschluss, Erfolgskontrolle.

3.1.17 Welche Unterweisungsmittel/Medien kann man einsetzen?

Arbeitsmittel z.B.: Vordrucke, Werkzeuge, Vorrichtungen, Computer, Schreibzeug, Verbrauchsmaterialien

Arbeitshilfen z.B.: Nachschlagewerke, Tabellen, Listen, Vorlagen, Prüfwerkzeuge

Lernmittel zur Weitergabe an den Auszubildenden z.b.: Merkblätter, Musterstücke, Zeichnungen, Bilder, Fachbücher, Lernprogramme

3.1.18 Welchen Zweck haben Unterweisungsmittel/Medien?

Unterricht ist durch Sprache geprägt und muss durch Medien angereichert werden.

Unterweisung lebt vom machen, das sprachlich erklärt wird.

Unterweisungsmittel sind zur Realisierung der jeweiligen Unterweisungsaufgaben nötig.

Medien sollen den Lehr- und Lernvorgang erleichtern und unterstützen.

3.1.19 Nennen Sie Qualitätskriterien/Beurteilungskriterien für eine Unterweisung?

Zu Zum Anfang einer Unterweisung festlegen, worin die Qualität des angestrebten Unterweisungsergebnisses besteht z.B.

- ➢ Fehlerfrei,
- ➢ max. Abweichung,
- ➢ Einhaltung des Zeitrahmens,
- ➢ Materialverbrauch,
- ➢ wie vorgegebenes Muster,
- ➢ in Ordnung wenn folgende Bedingungen erfüllt sind…,

3.1.20 Was sind Schlüsselqualifikationen?

Schlüsselqualifikationen sind fachübergreifende Qualifikationen, die - neben den fachlichen Qualifikationen - notwendig sind, um die geforderte berufliche Handlungsfähigkeit zu erreichen und aufrecht zu erhalten. Sie lassen sich unterteilen in

- ➢ Sozialkompetenz
- ➢ Methodenkompetenz
- ➢ Persönlichkeitskompetenz

3.1.21 Wie können Sie Schlüsselqualifikationen bei einer Unterweisung fördern?

Sollen die vielfältigen Schüsselqualifikationen ist in der relativ kurzen Ausbildungszeit vermittelt und erworben werden, sind ganzheitliche und handlungsorientierte Methodenkombinationen notwendig. Die Ausbildungsinhalte werden nicht mehr isoliert vermittelt, sondern anhand von Lehraufträgen im Rahmen des selbstgesteuerten/selbstentdeckenden Lernens erarbeitet. dadurch verändert sich die Rolle des Ausbilders; er wird zum Lernberater, Moderator und Coach der Auszubildenden.

3.1.22 Wozu dient die 3.Stufe der Unterweisung?

3. Stufe: Nachmachen und erklären lassen

Nachmachen lassen und dadurch Transfer und Lerneffekt bewirken.

Erklären lassen, wie gut durch Sehen und Hören aufgenommen, verarbeitet und in eigens Handeln umgesetzt wurde.

Durch kontinuierliches Fragen aktivieren, Impulse geben, Verständnis fördern, Handlungen lenken.

Bei Unsicherheiten, Schwierigkeiten, Gefahren unverzüglich Hilfe anbieten und geben.

3.1.23 Wie können Sie bei einer Unterweisung (Lern-)Hilfen geben?

Lernhilfen sollen beitragen, Unsicherheiten und Schwierigkeiten zu überbrücken, um Fehler zu vermeiden und Gefahren abzuwenden.

> ➢ **Hilfen und Korrekturen** grundsätzlich nur indirekt - nicht spontan eingreifen.
> ➢ **Erinnern:** Wie haben Sie das gerade richtig gemacht?
> ➢ **Hinweise geben:** Schauen Sie doch noch mal in Rezept.
> ➢ **Fragen:** Warum machen Sie das jetzt so?
> ➢ **Unterstützen:** Probieren Sie es doch mal mit etwas...

3.1.24 Welche Funktionen haben Fragen bei einer Unterweisung?

Um die Aufmerksamkeit des Auszubildenden zu erhalten und festzustellen.

3.1.25 Womit können Sie eine Unterweisung steuern?

Grundsätzlich gibt es drei Möglichkeiten um den Unterweisungsverlauf zu steuern:

> ➢ Anweisungen: Bitte machen Sie jetzt folgendes...
> ➢ Fragende Impulse: Welches Teil muss jetzt angefügt werden?
> ➢ Zwangsläufigkeit: Nächste Position auf einem Formular bzw. der technisch bedingte Arbeitsfortschritt.

3.1.26 Was sollen Lob und Tadel bei einer Unterweisung bewirken?

Nach der Lerntheorie wird das lernende Verhalten durch eine Verhaltensweise ausgelöst. Eine anschließende Verstärkung durch Lob bewirkt, dass jenes Verhalten künftig schneller und besser ausgeführt wird. Lob wirkt motivierend und damit lernfördernd, meist möchte man Tadel vermeiden.

3.1.27 Wie und wann können Sie den Unterweisungserfolg feststellen?

Als Unterweisungserfolg gilt das jeweilige erreichen der vorgesehenen Zielsetzung.

- ➢ **Beobachten**; Der Auszubildende führt die gezeigten Handlungen richtig aus.
- ➢ **Kontrollfragen**: Der Auszubildende beantwortet die ihm gestellten Fragen während oder nach der Unterweisung richtig.
- ➢ **Zusammenfassung**: Der Auszubildende fasst die Ausbildungseinheit richtig zusammen
- ➢ **Umsetzung**: Der Auszubildende kann nach der Unterweisung die Handlung selbständig und richtig ausführen.

3.1.28 Wie können Sie die Ergebnisse einer Unterweisung längerfristig sichern bzw. verbessern?

Lernen kann insbesondere durch Verknüpfung von Hören, Sehen und machen in der Ausbildung verbessert werden z.B.

- ➢ durch zusehen und zuhören
- ➢ unmittelbarer Nachvollzug
- ➢ Zusammenfassung
- ➢ Übung in der Praxis

3.1.29 Was steht in einem Ausbildungsnachweis und wozu dient er?

Die Ausbildungsnachweisführung ist in der jeweiligen Ausbildungsordnung geregelt.

- ➢ Er ist meist in Form von den einzelnen Ausbildungsnachweisen und Tätigkeitsnachweisen zu führen (Durchführungskontrolle).
- ➢ Er dient als Nachweis einer vollständig und systematisch durchgeführten Ausbildung.
- ➢ Das ordnungsgemäße Führen ist die Voraussetzung für die Zulassung zur Abschlussprüfung.

3.1.30 Mit welchen Methoden/Medien erreichen Sie den maximalen Ausbildungserfolg?

Die Methodik beschäftigt sich mit der Vorgehensweise beim Lehren, den Verfahren und Medien unterstützen Aufnahme, Verarbeitung, Verständnis, Behalten, Wiedergabe von Ausbildungs- und Schulinhalten.

Die Auswahl ist von den angestrebten Lernzielen, vom jeweiligen Adressatenkreis und den betrieblichen Gegebenheiten abhängig. Aktivierende Methoden und Medien bevorzugen.

3.1.31 Welche Erfolgskontrollen in der Ausbildung gibt es?

Grundsätzlich unterscheidet man zwischen Durchführungskontrolle (Verlaufskontrolle) und Erfolgskontrolle (Lernzielkontrolle).

Arten:
- Zeitraum bezogen als Beurteilung
- Zeitpunktbezogen als Prüfung

Formen:
- schriftlich
- mündlich
- praktisch
- Selbstkontrolle
- Fremdkontrolle

3.1.32 Formulieren Sie eine sog. Tatsachenfrage zum Thema Beurteilen und Bewerten?

Fragen haben im Ausbildungsgeschehen unterschiedliche Funktionen z.b. die Feststellung vorhandenen Wissens (Wissensfrage, Sachfrage, Tatsachenfrage) z.b.
Wozu dient eine Beurteilung?
Welche Verfahren kann man zur Leistungsbewertung anwenden?
Welche Anforderungen müssen Erfolgskontrollen genügen?
Welche Konflikte können durch Beurteilungen entstehen?

3.1.33 Welche Probleme/Schwierigkeiten können bei einer Unterweisung auftreten?

Mit Problem bezeichnet man eine unbefriedigende Ist-Situation, in der bestimmte Zielsetzungen noch nicht erreicht sind, die aber mit einer gewissen Systematik zielgerecht in einen befriedigenden Soll-Zustand verändert werden können.
Als Schwierigkeit bezeichnet man die jeweilige spezifische Sichtweise dazu.

3.1.34 Was können Sie tun, um Störungen bei einer Unterweisung vorzubeugen?

Grundsätzlich gibt es zwei Möglichkeiten, um mit Störungen umzugehen:
- Unterweisungen vorausschauend und sorgfältig planen und dabei ggf. „Soll-Bruchstellen" und „Puffer" einbauen.
- Sich vorher auch mit Störungsmanagement beschäftigen, um bei einem auftretenden Problem nicht unvorbereitet zu sein.

3.1.35 Wodurch können Sie Lerneffekte in der Ausbildung verbessern?

Lernen ist ein dynamischer Prozess, der durch Auseinandersetzung mit sich und seinem Umfeld eine nachhaltige Verhaltensänderung bewirkt. Je nach Lernsituation unterschiedliche Lernbereiche und Lernarten; dazu...

- ➢ ein individuell als angenehm empfundenes Umfeld schaffen.
- ➢ Motivation und gezieltes Lob.
- ➢ möglichst viele Sinne ansprechen und die Lernenden aktivieren.
- ➢ anschaulich, schrittweise vorgehen.
- ➢ Gelegenheit zur Wiederholung und Übung bieten.

3.1.36 Welche weitern Methoden, außer Unterweisung und Präsentation, gibt es?

Zusätzlich zu Unterweisung und Präsentation kann man ggf. folgende Methoden einsetzen:
- ➢ Demonstration,
- ➢ Diskussionen,
- ➢ Einzelarbeit, Gruppenarbeit,
- ➢ Fallstudie, Fallmethode,
- ➢ Lehrgespräch, Leittextmethode, Lerntexte,
- ➢ Projekte,
- ➢ Referat, Vortrag,
- ➢ Rollenspiel etc.

3.1.37 Was regelt eine Ausbildungsordnung?
- ➢ Bezeichnung des Ausbildungsberufes,
- ➢ Ausbildungsdauer,
- ➢ Ausbildungsberufsfeld (Fertigkeiten und Kenntnisse, die Gegenstand der Berufsausbildung sind)
- ➢ Ausbildungsrahmenplan (Anleitung zur sachlichen und zeitlichen Gliederung der Fertigkeiten und Kenntnisse)
- ➢ Prüfungsordnungen

3.1.38 Was tun Sie, bevor Sie eine Unterweisung beginnen?

Vor einer Unterweisung sind einige Planungen und vorbereitende Maßnahmen zu treffen:
- ➢ Abstimmung und Kontrolle von Ausbildungsplanung und Ausbildungsdurchführung,
- ➢ Zielgruppe, Unterweisungsthema und Zielgruppenfestlegung,
- ➢ Unterweisungsplan aufstellen und Auszubildenden informieren,
- ➢ Unterweisungsplatz einrichten und erforderliche Unterweisungsmittel geordnet bereitlegen.

3.1.39 Was ist Feedback und wozu kann es dienen?

Wörtlich: **Feedback = Rückmeldung**; und zwar im Zusammenhang mit unterschiedlichen Situationen (Gespräche, Diskussionen, Unterricht, Beurteilung, Prüfung…)

Kann als Führungsmittel dienen.

Man kann dadurch jeweils die Basis schaffen für weiter Maßnahmen.

Wichtig beim Lernen; „Lob und Tadel" bzw. „richtig oder falsch"

3.1.40 Wie können Sie den Auszubildenden Feedback geben?

Rückmeldung kann persönlich oder durch das jeweilige System erfolgen:

> - verbal; in mehr oder weniger ausführlichen Worten,
> - nonverbal; durch unmissverständliche Gesten und Handlungen,
> - im Rahmen von Ausbildungsgesprächen, Beurteilungsgesprächen und Schulungsmaßnahmen,
> - als Reaktion auf Fragen,
> - ausgeführten Anweisungen.

4 Beispiel für die schriftliche Vorbereitung auf die Organisation einer Ausbildungssituation

Praktische Unterweisungsprobe

im Rahmen der Ausbildereignungsprüfung (ADA)

Falten von Mundservietten
Krone / Doppelte Bischofsmütze

für den Ausbildungsberuf: Hotelkaufmann/ Hotelkauffrau

Einordung in den Ausbildungsrahmenplan zur Hotelkaufmann/ Hotelkauffrau

Wirtschaftsdienst (§ 4 Nr. 13)

a) Gästeräume angebots- und anlassbezogen herrichten

Inhaltsverzeichnis

1. Adressatenanalyse

1.1 Das Ausbildungsunternehmen

Das Grand Hotel München ist ein Hotel mit 300 Zimmern und 15 Veranstaltungsräumen. Das Unternehmen beschäftigt 500 Mitarbeiter/-innen in den unterschiedlichen Abteilungen des Hotels. Darüber hinaus durchlaufen hier neun Auszubildende ihre Ausbildung zum Hotelkaufmann/ Hotelkauffrau (pro Ausbildungsjahrgang drei Auszubildende)

1.2 Die Auszubildenden

Die Auszubildende Nicole Schmidt ist 19 Jahre alt und befindet sich im 1. Monat des 1. Ausbildungsjahres zur Hotelkauffrau. Sie hat die Ausbildung direkt nach dem Realschulabschluss begonnen. Frau Schmidt hat vor der Ausbildung bereits ein Praktikum im Hotel absolviert, so dass ihr das Unternehmen bei Beginn der Ausbildung bereits bekannt war. Während des Praktikums wurden die Leistungen von Frau Schmidt als gut beurteilt. Die Ausbildungszeit beträgt 3 Jahre. Frau Schmidt ist sehr wissbegierig und motiviert und verfügt über eine gute Auffassungsgabe für theoretische Zusammenhänge. Die Ernsthaftigkeit und Wichtigkeit von Aufgaben ist ihr nicht immer bewusst, daher wird bei der Vermittlung neuer Inhalte ein Schwerpunkt auf die Begründung der Notwendigkeit gelegt und versucht, ihre Selbstständigkeit einschließlich der Eigenkontrolle zu fördern. Frau Schmidt kommt aus einer intakten Familie, die Eltern unterstützen sie in Ihrer Ausbildung.

2. Beschreibung der Lernziele

2.1 Richtlernziel

Wirtschaftsdienst (§ 4 Nr. 13)

2.2 Groblernziel

Falten von Mundservietten – Krone/ Doppelte Bischofsmütze

2.3 Feinlernziel

Die Auszubildende soll am Ende der Unterweisung die Mundserviette in Form einer Krone/ Doppelte Bischofsmütze falten können, sowie auf den Tisch eindecken können.

2.3.1 Kognitive Lernziele

Die Auszubildende kann nach der Unterweisung die Funktion der Mundservietten benennen und kann ihre Arbeit bewerten.

2.3.2 Affektive Lernziele

Die Auszubildende ist sich über die einzelnen Arbeitsschritte bewusst. Sie wird die Servietten sorgfältig behandeln und die Hygienevorschriften beachten. Die Bereitschaft zum selbstständigen und genauem Arbeiten wird gefördert.

2.3.3 Psychomotorische Lernziele

Die Auszubildende wird die Feinmotorik für das Falten dieses Serviettentyps beherrschen und diese Tätigkeit in der richtigen Reihenfolge wiederholen.

2.3.4 Vermittelte Schlüsselqualifikationen

Im Rahmen der Fachkompetenz erwirbt Frau Schmidt die Kenntnisse, die für das richtige Falten einer Mundserviette in Form einer Krone/ Doppelten Bischofsmütze nötig sind. Diese Aufgabe erfordert Sorgfalt, Genauigkeit, Sauberkeit und Zuverlässigkeit. Das Verantwortungsbewusstsein wird ebenfalls im Rahmen der hier angesprochenen Individualkompetenz gestärkt.

Durch den Austausch mit dem Ausbilder wird die Kommunikationsfähigkeit der Auszubildenden gefördert und somit ihre Sozialkompetenz ausgebaut.

3. Planung und Durchführung der Ausbildungseinheit

3.1 Ort der Unterweisung

Die Unterweisung wird in der Servicestation des Restaurants Münchner Freiheit im Grand Hotel München durchgeführt, an diesem Ort werden alle Vorbereitungsarbeiten für das Restaurant ausgeführt. Die benötigten Arbeitsmittel liegen bereit.

3.2 Dauer der Unterweisung

Die Unterweisung findet zwischen 10:00 Uhr und 10:20 Uhr vormittags statt, da die Konzentrationsfähigkeit zu diesem Zeitpunkt am besten ist. Damit wird die Aufnahme neuer Themen erleichtert und die Auszubildende in der angesetzten Zeit nicht überfordert. Der Lerninhalt soll kompakt und gut nachvollziehbar sein.

3.3 Unterweisungsmethode

Vier – Stufen - Methode

3.3.1   Vorbereitung
3.3.2   Vormachen und Erklären
3.3.3   Nachmachen und erklären lassen
3.3.4.   Selbstständiges Üben

Weiterhin setze ich Teile des Lehrgespräches ein.

Der Auszubildende wird nach folgenden Leitsätzen lernen.

- ✓ vom Leichten zum Schweren
- ✓ vom Einfachen zum Komplexen
- ✓ vom Bekannten zum Unbekannten

Die Lerninhalte werden anschaulich dargestellt und der Auszubildende muss die Möglichkeit haben, selbst aktiv mitzuarbeiten.

Die Unterweisungsmethode ermöglicht ein schnelles Eingreifen und Erklären bei auftretenden Fragen, Problemen und sonstigen Unklarheiten. Zudem spiegelt die Vier-Stufen-Methode aus meiner Meinung nach den natürlichen Verlauf bei dieser Aufgabe des Lerners wieder.

3.4 Rolle des Ausbilder

Der Ausbilder sollte die Grundkenntnisse vermitteln und den Auszubildenden zum aktiven Mitarbeiten motivieren. Der Ausbilder sollte dem Auszubildenden gegenüber die Möglichkeit geben, durch seine Fehler die er macht, selbst rauszufinden und zu analysieren, um somit einen erhöhten Lerneffekt zu erzielen.

3.5 Lehr- und Ausbildungsmittel

Folgende Hilfsmittel werden bei der Unterweisung benötigt:
- 23 gestärkte Mundservietten

3.6 Vorangegangenes Thema

Die Auszubildende ist seit ein paar Tagen im Restaurant Münchner Freiheit im Grand Hotel München tätig. Am vorigen Arbeitstag wurde ihr das Fachgerechte Auflegen von Tisch- und Tafeltüchern vermittelt. An das jetzt unmittelbar angeknüpft wird.

3.7 Nachfolgendes Thema

Das Thema, das sich der Unterweisung in den nächsten Tagen anschließt, ist das eindecken für den Restaurantbetrieb mit dem Grundgedeck erweitert um den Brotteller. Hier wird inhaltlich unmittelbar an das aktuelle Unterweisungsthema angeknüpft.

3.8 Ablauf der Unterweisung
3.8.1 1. Stufe: Vorbereitung (ca. 10 min)
Zunächst einmal begrüßt der Ausbilder die Auszubildende und versucht, durch ein lockeres Gespräch eine möglichst entspannte Atmosphäre herzustellen. Anschließend knüpft er an das Thema der vorangegangen Unterweisung (Auflegen von Tisch- und Tafeltüchern) an. Er kündigt an, dass es heute darum gehen wird, wie man eine Mundserviette in Form einer Krone / Doppelten Bischofsmütze faltet. Der Ausbilder erklärt Frau Schmidt, dass sie in ihrer derzeitigen Abteilung Restaurant Münchner Freiheit die Standardform für die Mundserviette ist und sie dieses beherrschen muss um die Tische einzudecken. Er stellt heraus, dass diese Aufgabe äußerst wichtig ist, da das Hotel nur für seine Gäste einwandfreie eingedeckte Tische bereithalten möchte. Ziel ist es, das Interesse zu wecken und die Auszubildende zu motivieren.

3.8.2 2. Stufe: Vormachen und Erklären (ca. 5 min.)
Was wird zu Herstellung der Serviettenform Krone/ doppelte Bischofsmütze gebraucht. Ein sauber Arbeitsplatz an der Servicestation des Restaurants und gestärkte Mundservietten. Der Ausbilder beginnt nun mit dem praktischen Teil der Unterweisung und erläutert jeden Schritt. Er achtet darauf dass die Auszubildende den Arbeitsplatz einsehen und die Übung mit verfolgen kann.

Lernschritte Was mache ich?	Kernpunkte Wie mache ich es?	Begründung Warum mache ich es?	Arbeitsmittel Womit mache ich es?
1. Arbeitsschritt Arbeitsplatz und Arbeitsmaterial herrichten	Ich lege ein Saueres Tischtuch auf die Servicestation und lege die Servietten mir zurecht.	Um eine hygienisch saubere Arbeitsfläche zu haben.	Saueres Tischtuch und gestärkte Servietten.
2. Arbeitsschritt Serviette Falten	Die linke obere und die rechte untere Ecke jeweils zur Mitte hin falten, sodass eine Raute entsteht. Die Serviette wenden. Jetzt die Raute nach unten halbieren und die verdeckte Dreiecksspitze herausfalten, so dass zwei Pyramiden entstehen. Das obere Dreieck nach unten schlagen und die linke Pyramide zum Dreieck falten. Die geöffnete Pyramide wieder nach oben falten. Die Spitze der Pyramide in das Dreieck stecken und flach an die Seite legen.	Um die gewünschte Serviettenform herzustellen.	Mit den Händen.
3. Arbeitsschritt Servietten auf dem Tisch aufstellen	Die gefalteten Servietten aufnehmen und rund auf die Vorbereiten Tische aufstellen.	Um die Serviten gezielt der Verwendung zuzuführen.	Tisch und Hände

3.8.3   3. Stufe: Nachmachen und erklären lassen (ca. 5min.)
Die Auszubildende wiederholt nun die eben vorgemachten Arbeits-
gänge und erläutert dabei jeden Schritt. Hier bei soll sie schrittweise
vorgehen. Bei auftretenden Fehlern greift der Ausbilder sofort ein.
Durch Lob und Verständnis wird die Auszubildende für die darauf
folgende Übungsphase motiviert.

3.8.4   4. Stufe: Selbstständiges Üben (Zeit nach Bedarf)
Der Ausbilder lässt die Auszubildende nun selbstständig arbeiten.
Er kontrolliert in gewissen Zeitabständen das Ergebnis ihrer Arbeit
und beantwortet eventuelle Zwischenfragen.
Zum Schluss wird die gemeinsame Arbeit begutachtet und eventuelle Fehler werden besprochen. Der Ausbilder gibt der Auszubildenden ein Feedback über ihre Leistungen, fordert sie auf, die heutige
Unterweisung in ihren Ausbildungsnachweis einzutragen. Nach einem Dank an die Auszubildende für die Mitarbeit verabschiedet er
sich.

3.9   Sicherung des Lernerfolges

Nach erfolgreicher Unterweisung wird Nicole Schmidt in den nächsten
Tagen selbstständig Mundservietten in Form von Bischofsmützen falten. So kann sie das Erlernte weiter vertiefen und gleichzeitig üben, um
Routine zu entwickeln. Hierbei soll sie zunächst eine Eigenkontrolle
durchführen, bevor der Ausbilder die Fremdkontrolle durchführt. Damit
wird die Selbstständigkeit und die Eigenverantwortung der Auszubildenden gefördert und ihre Handlungskompetenz gesteigert.

Semantische Anleitung für die Serviettenform Krone/ Doppelte Bischofsmütze

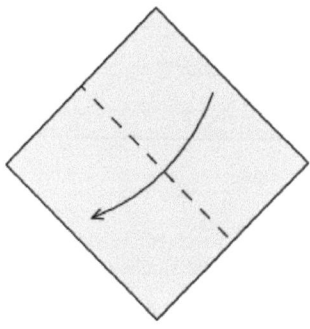

1. Die Serviette einmal in der Mitte falten.

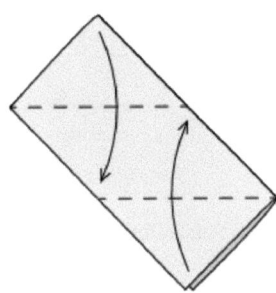

2. Die obere Ecke nach unten falten, die untere Ecke nach oben falten.

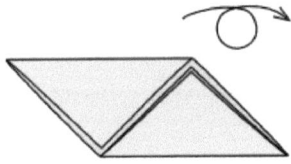

3. Die Serviette wenden

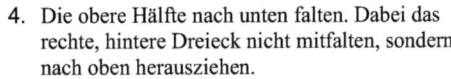

4. Die obere Hälfte nach unten falten. Dabei das rechte, hintere Dreieck nicht mitfalten, sondern nach oben herausziehen.

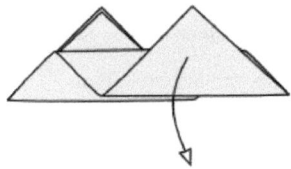

5. Das rechte, vordere Dreieck nach unten entfalten

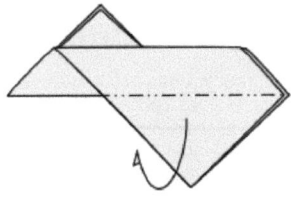

6. Das gerade entfaltete Dreieck nach hinten falten.

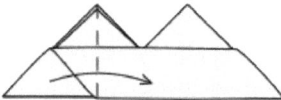 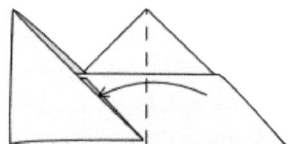

7. Die Hälfte des linken Dreiecks nach rechts falten.

8. Jetzt die Hälfte des rechten Dreiecks nach links falten und dabei in die Tasche stecken.

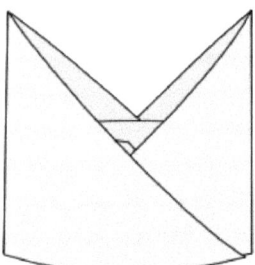

9. Nur noch die Grundfläche oval ausformen und die Bischofsmütze kann aufgestellt werden.

Mögliche Fragen des Prüfungsausschusses zur Unterweisung:

➢ In der Ausbildungsordnung für zur Hotelkauffrau wird die Fähigkeit zu selbstständigem Informieren, Organisieren und Kontrollieren als Ausbildungsziel angegeben. Wie sind Sie dem in Ihrer Unterweisung gerecht geworden?
➢ Welchen Lerntyp sahen Sie denn in Ihrem Auszubildenden?
➢ Was können Sie tun, um Ihre Auszubildenden für die Aufgabe zu motivieren?
➢ Sie haben die angegebene Zeitvorgabe überschritten. Worauf führen Sie das zurück?
➢ Worauf würden Sie Ihre Auszubildende hinweisen, wenn sie sich außerhalb Ihres Hotels über Techniken des Serviettenfaltens informieren möchte?
➢ Was können Sie tun, um den Lernerfolg auf Dauer abzusichern?
➢ Was könnten Sie tun, um die ästhetische Empfindsamkeit Ihrer Auszubildenden grundsätzlich zu intensivieren?

5 Die Bewertung der praktischen Durchführung einer Unterweisungssituation

Die Bewertung der praktischen Unterweisungsprobe ist nicht nur von Kammer zu Kammer verschieden, sondern auch innerhalb der einzelnen Kammern von Prüfungsausschuss zu Prüfungsausschuss. Trotz vielfältiger Versuche, diese Bewertungen zu vereinheitlichen, sind die Ergebnisse keineswegs erfolgreich und für die Prüfungsteilnehmer selten Befriedigend.

Grundsätzlich gibt es zwei gegensätzliche Möglichkeiten der Bewertung,
➤ die ganzheitliche (summarische) und
➤ die partikularistische (analytische).

Bei der summarischen Beurteilung wird die Unterweisung als Ganzes betrachtet und bewertet, etwa so, wie es aus der Schule mit einem sechsstufigen Notenschema bekannt ist. Die Bewertung erfolgt dabei aus einem Gesamteindruck und nach mehr oder weniger individuellen Vorstellungen und in groben Differenzierungen zwischen den Prüfungsteilnehmern. Die einfachste Unterscheidung ist dann die Bewertung bestanden oder nicht bestanden. Eine Gewichtung der Kriterien wird absichtlich nicht vorgenommen, da der Kriterienkatalog im Wesentlichen nur als Anregung betrachtet werden soll.

Die analytische Bewertung erfolgt anhand vorher festgelegter einzelner Kriterien, die unter Umständen unterschiedlich gewichtet werden. Die Summe über alle Kriterien hinweg ergibt die Gesamtnote, die dann auch noch in Zehntel oder gar Hundertstel ausgedrückt werden kann. Ob dadurch der Leistungsvergleich wirklich wiedergegeben wird, ist sehr fraglich. Wer kann sich schon zutrauen, ein derart komplexes Gesamtgeschehen wie eine Unterweisung am Ende mit 67/100 oder mit 66/100 Punkten zu bewerten. Aber genau mit einer dieser beiden Zahlen wird die Note befriedigend, mit der anderen ausreichend erteilt.

Stellvertretend für die vielen praktizierten Beurteilungsverfahren, stellen wir Ihnen hier zwei vor, ein analytisches und ein ganzheitliches. Die analytische Beurteilung hat den Vorteil, dass sie gerichtlich leichter zu rechtfertigen ist. Ob sie jedoch der Leistung eines Prüfungsteilnehmers gerecht wird, ist eine andere Frage. Besondere Leistungen in einem oder in einigen wenigen Kriterien werden bestenfalls mit der Höchstpunktzahl für dieses Kriterium bewertet, auch auf Kosten eines nicht beachten - weil vielleicht auch gar nicht ausschlaggebenden - anderen Kriteriums.

Bei dem ganzheitlichen Beurteilungsverfahren werden die Beurteilungskriterien dementsprechend internalisiert und dann ihr sinnvolle Anwendung während der Unterweisung zu einer Gesamtbewertung zusammengefasst. Die Prüfungsnote ergibt sich nicht zuletzt aus der Notenfindung seitens der Prüfer, deren ungerade Zahl und unterschiedlichen Erfahrungen eine einigermaßen gerechte Note ergibt.

Zusammenfassend kann gesagt werden, dass die Beurteilung einer Unterweisung eine anspruchsvolle Aufgabe darstellt, die gleichermaßen Einfühlungsvermögen und Verständnis wie Rückgrat und Unbestechlichkeit erfordert.

Ob die Bewertung analytisch oder summarisch erfolgt, immer bleibt festzuhalten, dass die Ausbildereignungsprüfung keine Fachprüfung darstellt. Kleinere fachliche Fehler des Prüfungskandidaten sollten dementsprechend bei der Beurteilung unberücksichtigt bleiben.

5.1 Beispiel für eine analytische Beurteilung der Unterweisungsprobe

Bewerbungsbogen		
Thema:		
Durchführung der Unterweisung		
Eröffnung: ➢ Begrüßung und Vorstellung, zielorientierter Einstieg ➢ Anlass, Thema und Ziel genannt und erklärt ➢ Interesse der Zuhörer geweckt, motiviert ➢ Vorkenntnisse ermittelt	10	
Hauptteil ➢ Übereinstimmung mit dem Entwurf ➢ Inhalt systematisch in Teilschritte strukturiert ➢ Methodische abwechslungsreich und aktivierend vorgegangen ➢ Orientierung an vollständiger Handlung beachtet ➢ Selbsttätigkeit der Auszubildenden angeregt ➢ Inhalt lernpsychologisch sinnvoll dargeboten ➢ Lern- und Motivationshilfen geben ➢ Fragen und andere Denkanstöße eingesetzt	20	
Kommunikative Umsetzung: ➢ Situations- und altersgemäßes Sprachniveau gewällt ➢ Dynamische Stimmführung und unterstützende Köpersprache ➢ Auf Fragen eingegangen, Fehler korrigiert, nicht kritisiert ➢ Bestätigung, Anerkennung und evtl. Lob ausgesprochen	10	
Zielorientierter Abschluss: ➢ Erfolg gesichert: üben, wiederholen, anwenden ➢ Zum Nachdenken bzw. sprachlichen Handeln angeregt ➢ Geplante Lernziele erreicht, Lücken geschlossen, Transfer gesichert ➢ Verweis auf Inhalte der nächsten Unterweisung und Dank an Zuhörer	10	
Medieneinsatz: ➢ Zielorientierte Medienvorbereitung ➢ Sinnvoller Mix von Medien und Arbeitsmittel ➢ Situativ angemessener Medieneinsatz ➢ Sichere Handhabung der Medien	10	
Gesamteindruck der Unterweisung ➢ Zeitlichen Rahmen eingehalten ➢ Lernanregende und lernförderliche Atmosphäre beibehalten ➢ Verantwortungsbewusstes und kooperatives Auftreten ➢ Umwelt- und Sicherheitsbedingungen berücksichtigt	10	
Zwischensumme		
Gesamtpunktzahl Unterweisung		

Bewertung des situationsbezogenen Fachgespräches	30	

Gesamtpunktzahl zur Unterweisung (maximal 70 Punkte)	
Gesamtpunktzahl zum Fachgespräch (maximal 30 Punkte)	
Summe der Punkte aus dem praktischen Teil der Prüfung	

Aufgabe: Erproben Sie Ihre Unterweisung vor der Prüfung mehrere Male und befragen Sie die Personen, die Sie unterwiesen haben, wie sie diese beurteilen. Die Beurteilung sollte jedoch anhand der oben genannten Kriterien erfolgen.

5.2 Kriterien zur ganzheitlichen Beurteilung einer Unterweisungsprobe

1. **Planungsskizze für die Unterweisung**
   - Eindeutige und angemessene Lernziele gesetzt,
   - Sachgemäße und folgerichtige Teilschritte gewählt,
   - Teil- und Gesamtzusammenfassung geplant,
   - Geeignete Arbeits- und Anschauungsmittel vorbereitet,
   - Am vermutbaren Kenntnisstand der Auszubildenden und am Ausbildungsrahmenplan orientiert:
     - Keine Über- und Unterforderungen,
     - Instruktion und Reflexion ausgewogen,
     - Aktivitäten von Lehrendem und Lernenden ausgewogen,
     - Zeitlichen Umfang beachtet, Zeitaufteilung auf Lernschritte,
     - Erfolgssicherung und –kontrolle vorgesehen.

2. **Verwirklichung der geplanten Teilziele**
   - Themen- und zielorientierter, motivierender Einstieg,
   - Vorkenntnisse ermittelt und berücksichtigt,
   - Zielbewusstsein vermittelt,
   - Kernpunkte herausgestellt und begründet,
   - Stoffbeherrschung, fachliche Sicherheit,
   - Systematik (Aufbau) erkennbar,
   - Erfolgssicherung (Wiederholung, Übung, Anwendung, Zusammenfassung)
   - Zeiteinteilung
   - Abschluss, Überleitung.

3. **Methodensicherheit**
   - Altersgemäße, sach- und lernzielorientierte Methoden gewählt,
   - Methodenvielfalt (-mix) beachtet,
   - Unterweisungsgrundsätze berücksichtigt,
   - Lern-, Motivations- und Übungshilfen gegeben,
   - Aktivität der Lernenden angeregt und gefördert, Lenkungstechniken (Anweisungen, Fragen, Impulse) sinnvoll verwendet,
   - Neugier und Spaß am Lernen bewirkt und erhalten,
   - Arbeits- und Anschauungsmittel wirkungsvoll eingesetzt.

4. **Unterweisungsstil (-verhalten)**
   - Zielbewusst, selbstsicher und kontaktfreudig
   - Partnerschaftlich, aber distanziert, keine Kumpanei
   - Freundlich, zugewandt, nicht autoritär
   - Erziehungsmittel (Bestätigung, Lob, Korrektur, Kritik u.a.) angemessen einsetzt
   - Sprachniveau und Reversibilität (Umkehrbarkeit) beachtet

- ➢ Köpersprachliche Mittel richtig eingesetzt
- ➢ Stimmführung
- ➢ Gestik, Mimik
- ➢ Köperhaltung

5. Unterweisungserfolg
- ➢ Lernziele erreicht und gesichert,
- ➢ Lernziele kontrolliert,
- ➢ zum Weiterlernen motiviert,
- ➢ u.U. den Lerntransfer in das Funktionsfeld angeregt.

6. Gesamteindruck
- ➢ Stimmig,
- ➢ Ausgewogen,
- ➢ Angenehme und anregenden Atmosphäre,
- ➢ Verantwortungsbewusst.

Bei der summarischen Beurteilung ist die Zahl der herangezogenen Kriterien immer abhängig von der Ausbildungssituation und den angestrebten Zielen. Deshalb ist es durchaus möglich, dass ein oder das andere Kriterium für die Beurteilung einer Unterweisung gar keine Rolle spielt. So ist es durchaus möglich, einen Arbeitsplatzdialog erfolgreich zu führen, ohne dass dabei Arbeitsmittel oder gar Ausbildungsmedien eingesetzt werden. Die Bewertung heißt nach der summarischen Beurteilung sinnvollerweise bestanden oder nicht bestanden, vielleicht können auch noch die aus der Schule bekannten Notenstufen vergeben werden. Unterscheidungen in Punkten zwischen 0 und 100, möglicherweise noch mit Zehntelpunkten lassen sich so nicht treffen. Wer das möchte, muss sich für eine analytische Form der Beurteilung entscheiden. Dabei kann es jedoch leicht geschehen, dass ein wichtiges Beurteilungsmerkmal nicht erfasst und damit nicht bewertet wird, z.B. in unerwarteten situativen Entwicklung das Richtige getan zu haben.

6 Empfehlungen zur Durchführung einer Ausbildungssituation als Präsentation

In der Vorbereitung unterscheidet sich die Präsentation nicht wesentlich von der Unterweisung. Am Anfang der Vorbereitungsphase steht die Analyse der zu präsentierenden Ausbildungssituation: Die Frage, wie die Ausbildungssituation ist, welche Inhalte dargeboten werden sollen und was man erreichen möchte. Die Anfangslage entscheidet dann darüber, wie man die Präsentation qualitativ aufbereiten sollte: Soll sachlich informiert oder soll für einen Vorschlag Begeisterung geweckt werden? Meistens werden beide Gesichtspunkte zu berücksichtigen sein. Als Sonderform der symmetrischen Kommunikation hängt der Erfolg einer Präsentation wesentlich von zwei Merkmalen ab: Von der inhaltlichen Qualität und von der Zustimmung (Akzeptanz) der Zuhörer, die auch immer Zuschauer sind. Deshalb bedeutet Präsentieren stets Information und Entertainment. Wenn Ihrer Präsentation der Unterhaltungswert fehlt, wirkt sie auf Ihre Zuhörer langweilig, öde und einschläfernd.

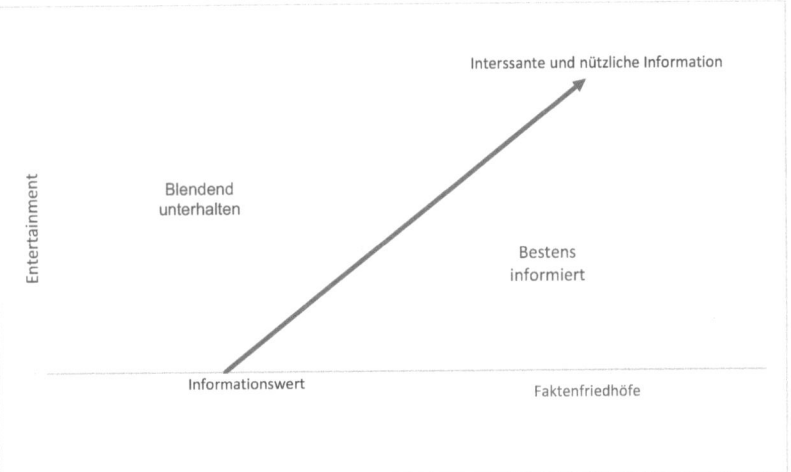

Achten Sie darauf, dass während Ihrer Präsentation weder der Unterhaltungswert noch der Informationswert verloren geht. Hinter einem beeindruckenden Medienzauber und pausenlosen witzigen Bemerkungen kann Ihre Kernaussauge verschwinden, auch wenn die Zuhörer noch so laut lachen. Spätestens bei der Bewertung wird den Prüfern aufgehen, dass sie auf einen „Blender" aufgesessen sind und sie werden unangenehm reagieren.

Jede Präsentation einer Ausbildungssituation ist eingebunden in eine Vorbereitungsphase und eine Nachgeschichte, die Selbstkontrolle.

Präsentationsveranstaltung

Vorbereitungsphase > Darbietungsphase > Gesprächsphase > Kontrollphase

Präsentationsverlauf

Um planen zu können, muss man sich bewusst machen, was man kommunizieren möchte und mit welchem Ziel. Bei der Themenwahl müssen die Sachinteressen und der Kenntnisstand der Zuhörer berücksichtigt werden. Stelen Sie sich während der Planung folgende Fragen:

➢ Welche Inhalte und welche Lernform möchte ich präsentieren?
➢ Welche Vorteile, welche Nachteile hat meine Lösung?
➢ Welches Datenmaterial steht mit zur Verfügung, welche Informationen fehlen?
➢ Wie kann ich meine Zuhörer für meine Vorschläge interessieren, betroffen machen?
➢ Welche Einwände könnten angebracht werden, wie könnte ich diese wiederlegen?
➢ Kann ich mit meinem Präsentationsgegenstand Verstand und Gefühl ansprechen?
➢ Lassen sich konkrete Handlungen in die Präsentation einbauen?

> Macht die Verwendung der Präsentation statt der praktischen Durchführung einer Ausbildungssituation eigentlich einen deutlich erkennbaren Sinn?

Thema und Ziel werden nicht selten gleichgestellt oder gar verwechselt. Präsentationsziele müssen - wie Lernziele - operational (durchführbar), eindeutig und kontrollierbar ausgearbeitet werden. Zunächst muss sich der Präsentator also fragen, welches seine Ziele sind, was er erreichen will. Will er z.B. informieren und erklären oder will er überzeugen, motivieren, Stimmung machen, Akzeptanz schaffen oder Entscheidungen herbeiführen?

Die Zielformulierung ist der wichtige Baustein für die Präsentation. Ziele zu setzen bedeutet, einen erwünschten und/oder geplanten Sollzustand bzw. ein Sollverhalten festzulegen.

Jede Präsentation hat vier Seiten.

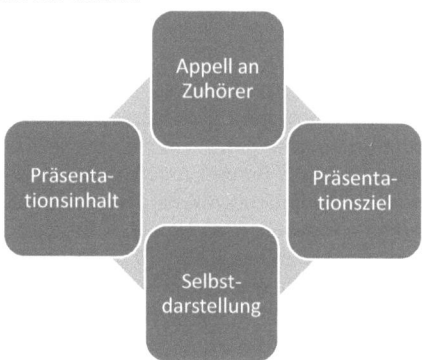

Viele Prüflinge haben Angst, dass die Prüfer nicht auf ihre Schwierigkeiten eingehen, sie vielleicht gar nicht erkennen können. Sie geben sich deshalb als unnahbar und gekünstelt.

Denken Sie daran, ein Lächeln ist weniger anstrengend als ein Pokerface und es schafft auch noch Vertrauen. Kommunikation unter anwesenden Menschen ist immer gegenseitig, denken Sie deshalb auch an Ihre Köpersprache. Neben Ziel und Inhalt gehören in eine Präsentation auch die Art und Weise, wie das Publikum (Prüfer, Auszubildende) angesprochen wird und die Selbstdarstellung des oder der Präsentierenden. Für eine erfolgreiche Präsentation müssen alle vier Seiten gleichwertig berücksichtigt und gestaltet werden.

Als eine Sonderform der wechselseitigen Information wird die Präsentation, ähnlich wie der Vortrag, von folgenden Bedingungen bestimmt.

> dem Präsentationsanlass,
> dem Präsentationsziel,
> der Situation, in der Präsentiert wird,
> den Beziehungen zwischen den Teilnehmern,
> der Verständlichkeit der verwendeten Zeichen: Sprache, Grafik, Bilder,
> dem Präsentationsablauf.

Die Faktoren sind interdependent: voneinander abhängig und beeinflussen einander. Wird ein Faktor nicht optimal beachtet, kann die gesamte Präsentation scheitern.

Sie wenden sich mit Präsentation einer Ausbildungssituation an die Prüfer, die - anders als während einer Unterweisung die Auszubildenden - nicht in Ihrer unmittelbaren Nähe sitzen. Deshalb müssen Sie mehr noch als in der praktischen Unterweisung auf Stimmführung und Köpersprache achten. Obwohl es sich bei der Prüfung um eine „gespielte" Situation handelt, müssen Sie davon ausgehen, dass die Prüfer während der Präsentation „mitspielen" und nicht nur mehr oder weniger aufmerksam beobachten. Achten Sie deshalb auf Ihre Rückkoppelungen, Sprachliche und Nichtsprachliche. Damit können Sie Ihr eigenes Verhalten überprüfen und überprüfen.

Als Präsentator neigt man generell dazu, die Aufnahmefähigkeit seiner Zuschauer/-hörer zu überbewerten. Sie sollten schon bei der Vorbereitung immer daran denken, dass Ihnen selbst der Stoff durch Übung und gründliche Beschäftigung damit bestens vertraut geworden ist, die Prüfer aber möglicherweise unvorbereitet trifft. Zudem sind diese gewohnt, ein gut durchdachtes und inhaltlich logisch entwickeltes Konzept mit dem gesamten Arsenal der Wirkmittel zu Unterstützung und didaktische Möglichkeiten präsentiert zu bekommen, um die Prüfer für sich zu gewinnen.

Diese erwarten vom präsentierenden Prüfling, dass er

> ihre Vorkenntnisse nicht übermäßig strapaziert,
> ihre augenblickliche Aufnahmekapazität beachtet,
> ihre Erwartungen und Einstellungen bedenkt,
> in angemessenen Schritten vorgeht,
> seinen Vortrag mit Beispielen ergänzt,
> eine bildhafte und anschauliche Sprache verwendet, gelegentlich zusammenfasst und wiederholt,
> das Wesentliche durch Gestik und Stimmführung herausstreicht, Anwendungsmöglichkeiten aufzeigt,
> Nutzen und Vorteile seiner Ausführungen erklärt,
> zweckmäßig und zielgerichtet mit Medien umgeht.

Wer bei der Präsentation auf den Einsatz von Medien verzichtet, muss wissen, dass er damit auch die Wirksamkeit seines Vortrages einschränkt, möglicherweise sogar aufhebt. Die von Ihnen eingesetzten Medien tragen nicht nur zum Unterhaltungswert Ihrer Präsentation bei, sondern helfen Ihnen auch, Ihre Kernbotschaft deutlich und einprägsam zu vermitteln. Der Mensch ist nun mal ein „Augentier". Deshalb sollten Sie auf Art und Gestaltung der verwendeten Medien sorgfältig Acht geben. Einen kleinen Fehler während einer praktischen Unterweisung kann man vielleicht überspielen. Ein in der Präsentation falsch oder inkompetent eingesetztes Medium übersieht und verzeiht niemand.

Visualisierung von Gedanken und Überlegungen ist kein Selbstzweck. Sie soll die gesprochene Sprache unterstützen, ergänzen und gelegentlich auch ersetzen. Ein Fingerzeig auf die richtige Stelle einer Abbildung kann z.B. viele Sätze sparen helfen. Visuelle Kommunikation zwingt zur Selektion von Wesentlichem, setzt Akzente, weckt Gefühle und dient dem Präsentator als Gedächtnisstütze.

Gleichgültig, welche Medien Sie für Ihre Präsentation verwenden, bauen Sie in die Visualisierung solche Elemente ein, die nicht nur auf den Verstand wirken, sondern auch auf das Gefühl: Bilder, Grafiken, Symbole, Logos, Piktogramme. Achten Sie auch auf gut dosierte Verwendung von Formen und Farben. Damit signalisieren Sie dreierlei:

➤ fachliche Kompetenz,
➤ persönliche Dynamik und Engagement und nicht zuletzt,
➤ eine sympathische Ausstrahlung.

Die richtige Mischung bringt den Erfolg. Kompetenz allein wirkt langweilig, Dynamik allein reißerisch und schlichte Sympathie nicht selten naiv.

Vor allem Farben werden aus Unkenntnis über ihre emotionale Wirkung zu wenig verwendet, in vielen Fällen wird auf Farbe gänzlich verzichtet. Das schafft aber Monotonie und Langeweile, die zu früher Ermüdung und Lustlosigkeit führen. Andererseits darf die Verwendung von Farbe nicht nur zur schmückenden Element werden. Ein sinnvoller Einsatz von Farbe bei der Gestaltung von Medien trägt dagegen zum Erfolg Ihrer Präsentation bei. Ihre Funktion sollten die Zuschauer allerdings einsehen können.

Richtige Farbverwendung

➤ Verbessert die Wahrnehmung,
➤ steigert die geistige Regsamkeit,
➤ verhindert Monotonie,
➤ hebt die Stimmung,
➤ schafft Ordnung,
➤ fördert Orientierung.

Und vergessen Sie nicht: Medien sind Mittel und nicht Gegenstand der Präsentation. Nicht die Fülle des Medienangebotes, nicht der Don-Folio oder der Medienzampano wirkt, sondern allein die Qualität der Darstellung und die Souveränität im Umgang mit den Medien.

Die Kunst liegt (häufig) im Weglassen. Weniger ist dann mehr!

Zusammenfassung und Empfehlung für ungeübte Präsentatoren:

➢ Präsentieren Sie nur, wenn Sie von Ihrem Thema genug verstehen und von Ihren Zielen überzeugt sind.
➢ Bereiten Sie den Präsentationsinhalt und die Form gründlich vor.
➢ Präsentieren Sie nicht nur Inhalte, sondern Ziele und Absichten.
➢ Gliedern Sie Ihre Darbietung in logische und überschaubare Abschnitte.
➢ Fassen Sie gelegentlich zusammen.
➢ Verwenden Sie anschauliche Beispiele.
➢ Weisen Sie auf praktische Verwendbarkeit hin.
➢ Setzen Sie passende Medien geschickt ein.
➢ Halten Sie Blickkontakt zu den Prüfern, aber nicht fixieren.
➢ Setzen Sie Köpersprache (Köperhaltung, Gestik, Mimik) gezielt ein, aber sparsam.
➢ Achten Sie auf gute Sprechtechnik (Aussprache, Lautstärke, Sprechpausen).
➢ Sprechen Sie nicht monoton und nicht zu leise.
➢ Atmen Sie kontrolliert: Einatmen, sprechen (ausatmen), neu einatmen.
➢ Nutzen Sie das „Zeigefeld" aus, zeigen Sie aber nicht auf Menschen.
➢ Drehen Sie Ihren Zuhörern beim Sprechen möglichst nicht den Rücken zu: Zeigen, umdrehen, sprechen.
➢ Lesen Sie nach, was in dem zugehörigen Lehrbuch über die Verwendung von Medien und die Präsentation gedruckt steht.
➢ Lernen Sie Ihren Stichwortzettel auswendig und dann legen Sie ihn weit von sich entfernt weg.

6.1 Beispiel für die schriftliche Vorbereitung der Durchführung einer Präsentation

Präsentationsthema
Einführung von Auszubildenden in das Unternehmen

Problemdarstellung
Der Ausbildungserfolg wird erheblich von der Einführung der Auszubildenden in das Ausbildungsunternehmen geprägt. Wenn es dort gelingt, den Auszubildenden von der ersten Stunde an in geeigneter Form mit dem Unternehmen, seiner Philosophie, seinen Zielen und Anforderungen vertraut zu machen, ist der Grundstein für den Ausbildungserfolg bereits gelegt.

Zielgruppe der Präsentation
Die Präsentation soll den Mitgliedern des Prüfungsausschusses die Möglichkeit eröffnen, die Handlungskompetenz des Prüflings als zukünftiger Ausbilder beurteilen und bewerten zu können. Sie sollen dabei insbesondere davon überzeugt werden, dass der Prüfling in der Lage ist, seiner Geschäftsführung die Grundlagen zur Einführung von Auszubildenden in das Unternehmen entscheidungsreif vortragen zu können.

Zeitmanagement der Präsentation
Präsentationsdauer: 15min

Raumgestaltung für die Präsentation

Es werden mehrere Pinnwände und Flip-Charts benötigt. Darüber hinaus ist der Prüfling auf die Ausstattung des Prüfungsraumes der IHK angewiesen.

Aufbereitung des Präsentationsinhaltes

1. Beschreibung der Ausgangssituation
2. Problemanalyse
3. Einführungsstrategien
4. Begriffserklärungen
5. Einführungsziele
6. Einführungsmethoden
7. Mögliche Maßnahmen
8. Der erste Tag im Unternehmen
9. Sozial-pädagogische Einführungswoche
10. Probezeit als Einführungsinstrument

6.1.1 Beschreibung der Ausgangssituation

Den Auszubildenden ist im Unternehmen zunächst alles fremd: der Tagesablauf, die Räume mit ihren ungewohnten Ausstattungen, das Personal und nicht zuletzt die von ihnen erwarteten Verhaltensweisen. Ein wesentlicher Teil ihres Lebens spielt sich für die Jugendlichen von einem Tag auf den anderen nicht mehr im „Schonraum" Schule ab, der auf Bildung und Erziehung ausgerichtet war, nicht mehr mit seinen Freunden und in seiner Familie, sondern in der betrieblichen „Erstsituation", die auf ökomische Produktion und Dienstleistung ausgerichtet ist. Der Wechsel von den gewohnten Sozialfeldern in die meistens völlig unbekannte Arbeitswelt bedeutet für viele Auszubildende eine große Umstellung.

Neu ist/sind für sie

- ➤ ein Arbeitstag von acht bis neun Stunden,
- ➤ ein fremdbestimmter und –kontrollierter Tagesablauf,
- ➤ eine unüberschaubare Vielzahl formeller und informeller Verhaltensregeln,
- ➤ der Ernstcharakter der Situation,
- ➤ eine ungewohnte Lernsituation (Learning by doing, selbstverantwortliches Lernen),
- ➤ Verhaltensmaßstäbe und –kontrollen, in denen die eigenen Erfahrungen versagen,
- ➤ die unmittelbare Kontrolle durch Mitarbeiter, Vorgesetzte bzw. Kunden,
- ➤ eine betriebliche Hierarchie mit vielfältigen Stufungen,
- ➤ die unausweichliche Einordnung in eine Arbeits- und Lerngruppe.

> Arbeitsteilung und Zusammenarbeit mit Erwachsenen, nicht nur mit Gleichaltrigen, selbstverdientes Geld und
> Erwachsenenstatus.

Hinzu kommt, dass die meisten Auszubildenden vor Beginn ihrer Ausbildung eine Vorstellung von der Berufs- und Arbeitswelt haben, die mit der Wirklichkeit kaum übereinstimmt.

6.1.2 Problemanalyse

Deshalb ist es für den Ausbilder wichtig, sich für die Einführung des oder der Auszubildenden in die Berufs- und Arbeitswelt ausreichend Zeit zu nehmen und einzuplanen. Die ersten Ausbildungsschritte müssen behutsam gegangen werden, nicht zu groß und nicht zu klein. Neue Auszubildende benötigen besonders in der Anfangsphase Zuwendung, Bestätigung und Anerkennung. Ein kontinuierlicher und wohlwollender Kontakt seitens des Ausbilders ist besonders wichtig. Der Reiz des Neuen ist ein nicht zu verachtender Durchhalteverstärker, deshalb muss er erhalten werden. Routine ist erstrebenswert, darf aber nicht mit Monotonie verbunden werden.

Eintritt in das
Ausbildungsunternehmen

bringt für den neuen
Auszubildenden
Veränderungen

in seiner persönlichen Situation
in seiner sozialen Situation
in seiner ökonomischen Situation

Ergebnis
Probleme, Schwierigkeiten und
Konflikte zwischen dem Neuen und
den Etablierten

Problem des Auszubildenden beim Eintritt in das Ausbildungsunternehmen
> In der „organisatorischen Sozialisation" wird der Neue an die Werte, Normen, Praktiken und Besonderheiten der vorhandenen Organisation angepasst und er passt sich dieser an.
> In der „organisatorischen Individualisatin" beeinflusst der neue die vorgefundene Organisation, indem er in ihr wirkt.

Deshalb gehört es zu den Zielen der systematischen Einführung, den Neuen so schnell wie möglich zum Mitglied der Organisation zu machen und dennoch seine Innovations- und Lernfähigkeit für die Ausbildung und seine spätere Berufslaufbahn zu erhalten.

Obwohl die systematische Einführung neuer Auszubildender methodisch einfach und finanziell vorteilhaft ist, wird sie in der Praxis häufig vernachlässigt. Einige Strategien lassen sich unterscheiden, z.B.:

6.1.3 Einführungsstrategien

Die Art und Weise, wie ein Ausbilder auf die Anfangsprobleme der Auszubildenden beim Übergang vom Bildungs- ins Beschäftigungssystem eingeht, darf nicht von unreflektierten Gewissheiten beeinflusst werden. Das sind Strategien, Verhaltensmuster, Beurteilungen und Bewertungen, die man nie kritisch untersucht hat und ohne darüber nachzudenken subjektiv für wahr hält. Sie drücken sich aus in Redensarten von der Art: „Das haben wir schon immer so gemacht." oder: „Das haben wir noch nie so gemacht." und auch: „Was mir nicht geschadet hat, wird denen auch nicht schaden." bzw.: „mir hat am Anfang auch niemand geholfen." In der betriebswirtschaftlichen Literatur werden folgende Strategien festgestellt und kritisch betrachtet.

Strategien der Einführung von Auszubildenden

Strategie der gewollten Simplifizierung
- absichtliche Unterforderung
- ungenaue Aufgabenstellung
- Lernen durch Versuch und Irrtum

Strategie der bewussten Überforderung
- pingelige Lern- und Verhaltenskontrollen
- Überladen mit schwierigen Aufgaben
- bewusstes Reinlegen

Strategie des Wasser-Wurfes
- sich selbst überlassen, nicht beachten
- ohne bestätigende Rückkoppelung
- durchwursteln lassen

Strategie der Grenzpfähle
- Aufzeigen von Verhaltensgrenzen
- permanente und intensive Überforderung
- ständige Überwachung durch Aufpassen

Strategie der Vorwegbetreuung
- arbeitsbegleitende Ausbildung
- ausbildungsbegleitende Aufgaben
- vollzeitliches Einführungsseminar
- Patenschaften, Kooperationsgruppe

Nur die Strategie der Vorwegbetreuung ist sinnvoll für die Einführung neuer Mitarbeiter. Alles andere erhöht Enttäuschung, Stress und Konfliktbereitschaft. So wird bestenfalls der schnelle Ausstieg vorbereitet. Die erschreckend hohe Zahl der Ausbildungsabbrecher während der Probezeit lässt vermuten, dass Auswahl und Einarbeitung von Auszubildenden in unsere Unternehmen eher dem Zufall überlassen bleibt als sorgfältig und gezielt geplant werden.
Für einen verantwortungsbewussten Ausbilder wird sich dieses Problem allerdings kaum stellen. Er weiß aus eigener Erfahrung: „Aller Anfang ist schwer."

6.1.4 Begriffserklärungen
Bei der Personaleinführung müssen unterschieden werden:
> die Eingliederung des Neuen als eine Aufgabe der Personalabteilung,
> die Eingliederung des Neuen als fachliche und soziale Aufgabe für Vorgesetzte und Mitarbeiter,
> die Einbringung des Neuen, der sich selbst in die Gruppe zu integrieren hat.

Der Einstieg eines Auszubildenden in die Arbeitswelt ist immer mit zwei gegenläufigen Prozessen verbunden. Mit der Begriffsbestimmungen wird deutlich, wie sehr die Einführung neuer Auszubildender in das Unternehmen ein gegenläufiger-paralleler Prozess ist, in den sich beide Seiten, Ausbildungsunternehmen und Auszubildender einbringen müssen.

6.1.5 Einführungsziele
Fortschrittliche Personal- und Ausbildungsleiter stellen heute - in der Regel mit den Dienstvorgesetzen - Einarbeitungspläne für die neuen Auszubildenden auf. Dabei wird nicht nur auf die sachliche Einarbeitung geachtet, sondern auch auf psycho-soziale Bedingungen. Während der Einarbeitung muss dem Auszubildenden eine über die übliche kurzfristige Einweisung hinausgehende Aufmerksamkeit zugewandt werden. Die Einarbeitungsaufgabe taucht wegen der mehrmaligen Ausbildungsplatzwechsel während der gesamten Ausbildungszeit immer wieder neu auf, z.B. zu Beginn einzelner Ausbildungsabschnitte an neuen Ausbildungsorten.

Ziele:
> Informationen für den Neuen,
> Motivation für den Neuen,
> Qualifikation des Neuen,
> Integration des Neuen,
> Minderung der Fluktuation,
> Erhalt der Innovationsfähigkeit,
> Erhalt der Lernfähigkeit und
> der Kreativität.

6.1.6 Einführungsmethoden
Methoden:
- Selbsteinarbeitung, Learing by doing,
- Einführungsschrift
- Patensystem
- Mithilfe älterer Auszubildender
- „Sandwichkurse"
- Kooperationstraining
- Einarbeitungsprogramm

6.1.7 Mögliche Maßnahmen
Auszubildende, bei deren Einführung und Einarbeitung sich Ausbilder, Fachvorgesetzte und Mitarbeiter um soziale Eingliederung und fachliche Unterstützung bemühen, empfinden die belastende Situation des Einstiegs weniger anstrengend und stressig als andere.

Ein genormtes Einführungsverfahren kann es allerdings nicht geben. Das verbietet schon die Individualität von Ausbildungsunternehmen und neuem Auszubildenden. Es gibt aber eine Minimalstrategie für die Einführung neuer Auszubildender, die nachfolgende Maßnahmen umfasst:
- Ausbildungsplatz bereitstellen und herrichten
- notwendige Arbeits-, Hilfs- und Lehrmittel zurechtlegen
- Garderobenschrank bzw. Ablagemöglichkeiten bereitstellen
- zukünftige Kollegen und Vorgesetzen informieren
- Einführungsgespräch über allgemeine und fachliche Inhalte führen
- Unternehmensbesichtigung vorbereiten und durchführen
- Paten und/oder Verantwortliche benennen
- Informationsschriften mit Lesetipps aushändigen
- Korrektur- bzw. Orientierungsgespräch führen

6.1.8 Der erste Tag im Unternehmen
Der Bedeutung des ersten Tages im Unternehmen werden die zuständigen Vorgesetzten am besten durch eine formelle Begrüßung, die durchaus ein „Hauch" von Feierlichkeit haben darf, z.B. durch die Anwesenheit eines in der Hierarchie hoch angesiedelten Vorgesetzten, gerecht. Wichte Kontaktpersonen aus dem Unternehmen, auch der Sprecher der Auszubildenden, stellen sich vor, nicht nur mit Namen, sondern auch mit Funktion und einigen persönlichen Sätzen. Die neuen Auszubildenden machen sich ebenfalls mit Namen und einigen persönlichen Sätzen bekannt, z.B. Erwartungen, Gefühlen, Erlebnissen.

Kleine „Gaben" lockern die Atomsphäre und helfen, die typischen Belastungen einer Anfangssituation möglichst gering zu halten: Unternehmensausweis, Namensstecker, eine persönliche Visitenkarte, ein Schreibgerät oder einen Kochmesser, immer mit Firmenname und Firmenlogo können früh zur Corporate Identity führen. Wo ein betriebliches Informationsmedium existiert (Unternehmenszeitung, Werkzeitschrift, Rundschreiben, Intranet) können die neuen Auszubildenden, je nach Anzahl gemeinsam oder einzeln, vorgestellt werden.

Auch die Beteiligung der Auszubildenden aus früheren Ausbildungsjahren kann dazu führen, die Mitverantwortung zu verdeutlichen und zu stärken. Das kann in Form von Patenschaften, Lernunterstützung oder gemeinsamen Aktionen praktiziert werden. Die Auszubildenden sollten sich als eine Untergruppe im Unternehmen empfinden und nicht nach Ausbildungsjahr gegeneinander konkurrieren.

6.1.9 Sozial-pädagogische Einführungswoche

Auf die besonderen Probleme des Übergangs an der ersten Schwelle von Bildungssystem in das Beschäftigungssystem wurde bereits mehrfach hingewiesen, auch auf den damit verschiedentlich verbundenen Praxis-Schock. Um diesen zu vermeiden, werden in nicht wenigen Unternehmen, nicht nur in großen, die neuen Auszubildenden zu sozialpädagogischen Einführungsseminaren eingeladen, die entweder vom Ausbildungsunternehmen selbst oder von überbetrieblichen Trägereinrichtungen, z.B. Bildungswerken der Wirtschaft, durchgeführt werden. Solche Gruppeneinführungen ersetzen nicht die individuelle Einführung in die Ausbildungsabteilung, ergänzen diese aber und werden allgemein als motivationsverstärkend angesehen. Sie dienen

- ➢ der Unternehmensübergreifenden Information.
- ➢ der Einübung von Interaktionsmustern.
- ➢ dem Erfahrungsaustausch.
- ➢ der Entwicklung gruppendynamischer Effekte.
- ➢ der Einarbeitung in neue, ungewohnte Lehr- und Lernverfahren (Workshop, Fallstudien, Gruppenarbeit u.a.)
- ➢ der betrieblichen Sozialisation, zum Beispiel der informellen Begegnung mit der Geschäftsführung, Betriebsrat, Sicherheitsdienst u.a.

Derartige Einführungsseminare werden meistens an separaten Standorten durchgeführt, sodass die neuen Auszubildenden auch die Abenden und die freie Zeit miteinander verbringen, gemeinsame Aktivitäten durchführen (Wanderungen, Sportveranstaltungen, kulturelle Veranstaltungen) und so ein Wir-Gefühl entwickeln und das Gemeinschaftsbewusstsein stärken können.

6.1.10 Probezeit als Einführungsinstrument

Ein Ausbildungsverhältnis ist zum Schutz der jungen Auszubildenden ein besonders Fürsorgeverhältnis. Diese Schutzfunktion des gesamten Ausbildungsverhältnisses wird mit der Probezeit noch ausdrücklich betont. Die Auszubildenden sollen vor Irrtümern und Fehlentscheidungen bewahrt werden bzw. sie korrigieren können. Jedoch auch der Ausbildende kann sich bei der Auswahl der Auszubildenden geirrt haben. Wenn das nicht während der Probezeit schlüssig erkannt wird, kann das lebensentscheidende Bedeutung für den Auszubildenden haben. Deshalb hat die Probezeit auch eine Selektionsfunktion. Die Eignung der einzelnen Auszubildenden für den von ihnen gewählten Ausbildungsberuf kann endgültig erst festgestellt werden, wenn sie sich im Tätigkeitsfeld dieses Berufes bewegen und erproben. Nur aus der Auseinandersetzung mit berufstypischen Tätigkeiten und Aufgaben lässt sich eine einigermaßen sichere Prognose für die Erfolgsaussichten in diesem Berufsfeld ableiten. Die Selektion kann aber nur dann gerechtfertigt werden, wenn dem Auszubildenden während der Probezeit ausreichend berufstypische Tätigkeiten und Aufgaben übertragen und deren Durchführung sorgfältig kontrolliert und beurteilt werden. Sehr gut bewährt hat sich schließlich, dem Auszubildenden für die Probezeit einen erfahrenden Mitarbeiter als „Paten" zur Seite zu stellen.

Konkrete Empfehlung des präsentierenden Ausbilders

Der Ausbilder begründet und empfiehlt eine sozial-pädagogische Einführungswoche und erklärt seine Bereitschaft, dafür nach Wunsch einen Entwurf zu erstellen.

7 Beurteilung und Bewertung der Präsentation einer Ausbildungssituation

Grundsätzlich gilt für die Bewertung einer Präsentation zum praktischen Teil der Ausbildereignungsprüfung das Gleiche wie für die Bewertung der Durchführung einer Ausbildungssituation:
Sie kann
> ➤ summarisch oder
> ➤ analytisch

erfolgen.

Anders als bei der praktischen Durchführung, wird bei der Präsentation die Ausbildungssituation fiktiv vorgestellt. Das macht diese besondere Form der Präsentation ambivalent. Einerseits wird die geplante Durchführung einer Ausbildungssituation inhaltlich und methodisch vorgestellt, andererseits aber geschieht das in der methodischen Form einer Präsentation. Der Prüfer hat demnach die Aufgabe, beides voneinander zu trennen und getrennt zu beurteilen. Er muss sich fragen,
> ➤ ob die vorgesehene Durchführung einer Ausbildungssituation fachlich, methodisch und didaktisch korrekt geplant ist und
> ➤ ob die Präsentation methodisch, situations- und zielgerecht umgesetzt wurde.

Die Prüfungsteilnehmer muss sich deshalb z.B. die Frage nach den Lernzielen zweimal stellen, einmal für die geplante Durchführung der ausgewählten Ausbildungssituation und für die durchzuführende Präsentation. Das gilt auch für andere Planungsschritte, z.B. für den Verlauf, die Zielgruppe, die Lernzielkontrolle.

Die „Als-ob-Situation" der Präsentation stellt den Prüfungsteilnehmer höhere sprachliche Anforderungen als die praktische Durchführung einer Ausbildungssituation. Er muss sich sprachlich häufig im Irrealis bewegen, also den Konjunktiv verwenden, ausdrücken, was er täte, wenn er es tun könne oder dürfte. Vielleicht ist das der wichtigste Grund dafür, dass die Präsentation bisher so selten gewählt wurde. Das voran gegebene Beispiel soll die Angst vor der Wahl einer Präsentation in der praktischen Prüfung nehmen. Methodisch kann der Prüfungsteilnehmer mit ihr vor einem Prüfungsausschuss wesentlich besser glänzen als etwa mit der relativ langweiligen Vier-Stufen-Methode.

Allerdings müssen sich die Prüfer selbst noch an diese Form der Darbietung einer Ausbildungssituation oft noch gewöhnen und auch an ihrer Beurteilung.
Für die Beurteilung und Bewertung der Präsentation ist die summarische Vorgehensweise eher geeignet und sinnvoller als die analytische. Aber auch straffere Formen der analytischen Vorgehensweise sind anwendbar. Deshalb möchte ich ihnen drei Möglichkeiten anbieten und beginne mit den analytischen Beurteilungen einer Präsentation.

Aufgabe: Erproben Sie Ihre Präsentation vor der Prüfung mehre Male und befragen Sie die Personen, denen Sie präsentiert haben, wie sie diese beurteilen. Die Beurteilung sollte jedoch anhand einer der folgenden Bewertungsbögen erfolgen.

7.1 Analytische Beurteilung und Bewertung der Präsentation einer Ausbildungssituation

Bewertungsbogen

	Punkte max.	Punkte real
Inhalt:		
Thema umfassend behandelt	10	
Problemstellung richtig erkannt	10	
Inhalt logisch strukturiert	5	
Info-Quellen deutlich gemacht	2	
Zielgruppengerecht aufbereitet	3	
Rhetorische Umsetzung:		
Köperhaltung, Auftreten	3	
Blickkontakt	3	
Gestik/Mimik	3	
Stimmführung	3	
Sprachverwendung	4	
Kontaktausstrahlung	4	
Medienvorbereitung	3	
Medieneinsatz	10	
Verständlichkeit gesichert	4	
Zusammenfassungen	3	
Bewertung des situationsbedingten Fachgespräches	30	

7.2 Analytische Beurteilung und Bewertung der Präsentation einer Ausbildungssituation

Bewertungsbogen

Bewertung der Präsentation	Punkte maximal	Punkte erreicht
Ausbildungssituation ➢ konkret beschrieben ➢ Ausbildungsrelevant ➢ passend in Ausbildungsablauf eingeordnet ➢ praxisnah, exemplarisch	10	
Eröffnung ➢ Begrüßung und Vorstellung ➢ Anlass, Thema und Ziel genannt ➢ Interesse der Zuhörer geweckt ➢ positive Stimmung geschaffen	10	
Darbietung des Themas ➢ Übereinstimmung mit dem Entwurf ➢ Inhalt systematisch strukturiert ➢ Inhalt methodisch schlüssig begründet ➢ Inhalt lernpsychologisch sinnvoll	10	
Rhetorische Umsetzung ➢ situationsgemäßes Sprachniveau gewählt ➢ Stimmführung dynamisch moduliert ➢ unterstützende Köpersprache ➢ verständlich und wirkungsvoll formuliert	10	
Zielorientierter Abschluss ➢ Kernaussagen zusammengefasst ➢ zum Nachdenken bzw. Handeln angeregt ➢ geplante Lernziele erreicht und gesichert ➢ Schlussformel und Dank an Zuhörer	10	
Medieneinsatz ➢ zielorientierte Medienvorbereitung ➢ sinnvoller Medienmix ➢ situativ angemessener Medieneinsatz ➢ sichere Handhabung der Medien	10	
Gesamteindruck der Präsentation ➢ zeitlicher Rahmen eingehalten ➢ lernanregende und lernförderliche Atmosphäre ➢ stimmiger und ausgewogener Ablauf ➢ verantwortungsbewusstes und sicheres Auftreten	10	

Bewertung der Präsentation

Bewertung des situationsbezogenen Fachgespräches   30

Gesamtpunktzahl des praktischen Teils der Ausbildereignungsprüfung

7.3 Summarische Beurteilung und Bewertung der Präsentation einer Ausbildungssituation

Beurteilungskriterien:

Was wird beurteilt?	➢ Schwierigkeitsgrad des Themas, ➢ Fachliche Korrektheit, ➢ Lernziele der Ausbildungssituation, ➢ Organisationsform der Ausbildungssituation, ➢ Methodischer Ansatz, ➢ Inhaltlicher Aufbau der Ausbildungssituation, ➢ Motivations- und Lernhilfen, ➢ Erfolgssicherung und –kontrolle der Ausbildungsinhalte.
Wie wird präsentiert?	➢ Köperhaltung: Stand, Hände, Kopfhaltung ➢ Gestik, Mimik, Blickkontakt ➢ Stimmführung: Atmung, Lautstärke, Stimmlage, Klangfarbe ➢ Sprechtechnik: Artikulation, Betonung, Modulation, Sprechpausen ➢ Vortragsweise: Sprech-Denken, Sprech-Tempo, Anschaulichkeit, Klarheit ➢ Sprachverwendung: Wortwahl, Grammatik, Sprachebene, keine Sprachunarten
Auf welche Weise wird präsentiert?	➢ Präsentationsaufbau, packender Einstieg, spannender Hauptteil, wirkungsvoller Abschluss ➢ Redekonzeption: freier Vortrag, Stichwortzettel, ausformuliertes Konzept ➢ Aussagewert: Idee, Information, Apell, Problemlösung, Neuigkeitswert, Logik ➢ Medieneinsatz: gezielte Vorbereitung, geschickter Einsatz, ästhetischer Eindruck
Wozu wird präsentiert?	➢ Wirkung: Interesse geweckt, Aufmerksamkeit erzielt und durchgehalten, Aktionen bewirkt ➢ Zielerreichend. Überzeugend, überredend, oberflächlich, mitreißend, packend
Wer hat präsentiert?	➢ Persönlicher Eindruck: passendes Äußeres, Selbstvertrauen, Sicherheit ➢ Rollengerecht: Glaubwürdigkeit, Überzeugungskraft, Verantwortungsbewusstsein
Wie lange wurde präsentiert?	➢ Zeiteinteilung eingehalten ➢ Gesamtzeit eingehalten

Quellenverzeichnis

Ruschel, A. (2008); Arbeits- und Berufspädagogik für Ausbilder in Handlungsfelder;
Kiehl Verlag

Ruschel, A. (2009); Die Ausbildereignungsprüfung; Kiehl Verlag

Eilling, A., Schlotthauer, H. (2014); Handlungsfeld Ausbildung; Feldhaus Verlag

Bürgerliches Gesetzbuch (BGB) (2014); dtv

Arbeitsgesetze (ArbG) (2014); dtv

Juris BMJ (www.gesetze-im-internet.de)

Der Autor

René Pflüger als Unternehmensberater in der Hospitality-Brache tätig. Zu dieser Tätigkeit hält er unteranderem Seminare und Kurse für die Vorbereitung zur Ausbildereignungsprüfung für verschiede Bildungsträger ab.